Edition Akzente

Karl Heinz Bohrer

Kein Wille zur Macht

Carl Hanser Verlag

1. Auflage 2020

ISBN 978-3-446-26461-8

Umschlag: Peter-Andreas Hassiepen, München
Satz: Angelika Kudella, Köln
Druck und Bindung: Friedrich Pustet, Regensburg
Printed in Germany

MIX
Papier aus verantwortungsvollen Quellen
FSC® C014889

Inhalt

Kein Wille zur Macht

Als vor Jahren eine Gruppe englischer Seeleute von der iranischen Marine in national unbestimmten Gewässern aufgebracht wurde, legten diese ein bis dahin in der Royal Navy nicht gekanntes Verhalten an den Tag: Zum einen leisteten sie keinen Widerstand gegen die Überzahl der Angreifer. Zum anderen kooperierten sie nicht nur offensichtlich ohne Bedenken mit dem sie propagandistisch instrumentalisierenden iranischen Militär, sondern einige verkauften ihre Geschichte nach Haftentlassung unbekümmert an englische Medien. Nun wäre Widerstand bei der Gefangennahme gewiss selbstmörderisch gewesen. Die eigentliche Pointe aber war, dass das Geschäft mit den Zeitungen und dem Fernsehen vom britischen Verteidigungsministerium und der Royal Navy zunächst akzeptiert worden war und erst nach dem Schaden kritisiert wurde. Abgesehen von den tränenreichen Ergüssen eines jungen Mariners in Londoner Massenblättern war es vor allem der Mangel eines offiziellen Verhaltenscodex der verantwortlichen Behörden, weshalb einige Kommentatoren das Gefühl einer von Celebritykult und Opferkult korrumpierten Gesellschaft beschlich.

Anstelle würdevollen Schweigens über Gefangennahme und Gefangenschaft – was schon aus Gründen der militärischen Geheimhaltung geboten gewesen wäre – also ausuferndes privates Geschwätz in der Öffentlichkeit. Die von traditioneller politischer Ethik bestimmte Perspektive setzend, schrieb der konservative *Spectator:* »Die Eröffnung des jungen Seemanns, er habe sich nachts in den Schlaf geweint, zeigt, dass im verheulten Tagebuch Britanniens Würde selten geworden ist. Wir haben vergessen, dass es Dinge gibt, die am besten privat bleiben und nicht mit anderen geteilt werden. Diese kitschigen Bekenntnisse sprechen klar von Schwäche und ermutigen unsere Feinde in ihrem Glauben, dass wir eine zu dekadente Gesellschaft sind, um uns selbst zu verteidigen.«

Man kann nicht genau sagen, wie viele Briten dieses Urteil heute teilen. Mit Sicherheit gehören sie zu einer erzogenen Minderheit. Die Erkenntnis, dass die zutage getretene Würdelosigkeit das Symptom tiefer sozialer und psychologischer Veränderungen der letzten zehn Jahre ist, erstmals offensichtlich geworden bei der Hysterie um den Tod Prinzessin Dianas, verweist zumindest auf eine Gewissheit: Traditionelle Werte der englischen Erziehung – also Mut, Selbstbeherrschung und Takt – sind von einer Welle vulgärer Verhaltensweisen weggeschwemmt worden, wofür die britischen Medien zweifellos Verantwortung tragen. Das unsägliche Fernsehprogramm namens *Big Brother*, in dem das Prinzip der Realityshow bis zum Exzess betrieben wurde, kann als Allegorie des derzeitigen britischen Gesellschaftszustandes gelten. Mit anderen Worten: Die Medien sind selbst wiederum nur Ausdruck einer neuen Unterschichtenmentalität, die nichts mehr zu tun hat mit der klassischen Working class, denn diese ist mitsamt ihren würdevollen Charakteristika verschwunden.

Mit der Nachzeichnung einer aktuellen englischen Gesellschaftssilhouette tauchte der Begriff »Dekadenz« wie selbstverständlich auf. Er wurde durch zwei weitere Worte erläutert, die ihm seine aktuelle Virulenz geben: Kult der medialen Berühmtheit und Kult des sozialen Opfers. Als Fundament dieser Symptome eines immer mehr in Schwange kommenden kulturellen und gesellschaftlichen Prozesses wird aber etwas noch Wichtigeres erkennbar: dass die öffentliche und die private Sphäre kaum mehr zu unterscheiden sind. Anders ausgedrückt: die Schrumpfung des Öffentlichen, die Überflutung des Öffentlichen mit dem Privaten. Man kann für »öffentlich« auch »politische Norm«, »gesellschaftliche Ethik« und nicht zuletzt »beispielgebende Elite« setzen, und man bekommt die Ansicht einer Situation, die Richard Sennett vor zwanzig Jahren als Tyrannei des Privaten am Beispiel moderner Architektur gebrandmarkt hat.

In England finde stets der ursprüngliche Prozess statt, »es ist der Demiurg des bürgerlichen Kosmos«, glaubte der Emigrant Karl Marx Mitte des 19. Jahrhunderts in London beobachten zu können. In der Tat haben die Engländer als Erste ihre katholische Kirche um das traditionelle Oberhaupt gebracht, als Erste ihren König geköpft und als Erste die agrarische Gesellschaft in eine industrielle verwandelt. Man kann das alles auch Schritte in einem permanenten Prozess der Säkularisation nennen, der bis dahin geltende Werte vernichtet. Auch die derzeitige Vulgarisierung der englischen Öffentlichkeit, seien es ihre Medien, ihre Touristen oder ihre Universitäten, ließe sich als weiterer Schritt dieser Säkularisation verstehen: immer weiter weg vom lieben Gott, immer mehr in die Hölle der Banalität.

Die Differenz zu den früheren Säkularisationen ist indes, dass nunmehr, wie das Beispiel unseres Introitus zeigt, die Auflösung vornehmer Verhaltensformen zugunsten vulgärer nicht mehr Ausdruck von Kraft, sondern von Schwäche ist: Stationen eines kulturellen und politischen Niedergangs. Das zeigt sich buchstäblich auch phänomenologisch. Das öffentliche England ist nicht bloß dümmer, sondern auch hässlicher geworden. An die Stelle des Gentleman trat vor dreißig Jahren der Hooligan. Inzwischen ist es der fett gewordene Wochenendsäufer und das dumme Spice Girl beziehungsweise die WAGs, wie man die shoppenden Girls der englischen Fußballstars nennt.

Hat Marx' Urteil noch immer Gültigkeit? Lassen sich die englischen Symptome von Dekadenz und der Begriff davon auf Kontinentaleuropa, vor allem auf Deutschland, übertragen? Das britische Desaster – auf See angesichts der skrupellosen Iraner und zu Lande angesichts der hemmungslosen englischen Journalisten – war natürlich besonders sprechend, weil hier ein klassisches Kriterium von Souveränität beziehungsweise Souveränitätsverlust, von Macht und Machtverlust zum Ausdruck kam: das militärische. Im Falle der einstigen Seemacht England war die Peinlichkeit von geradezu symbolischer Signifikanz, aber es war auch nur ein Zwischenfall, der anderswo nicht so leicht wiederholt werden wird.

Auf Deutschland gemünzt, ist dieses Kriterium von Dekadenz, wenn es denn noch immer wirklich eines ist, indes sprechender als für England, weil hier historische Ursachen zutage treten, die schwerer wiegen als die englischen. Es bedarf keiner langen Darlegung oder Beweisführung, dass aufgrund der nationalsozialistischen Präokkupation mit dem Krieg es in Deutschland dazu gekommen ist, dass das Land im Ernstfall – den man praktisch und semantisch seit Langem tabuisiert hat – wahrscheinlich weder verteidigungsfähig noch verteidigungsbereit ist. Die Kapazität der deutschen Luftwaffe, die schon während des Kosovokonflikts nur zu Aufklärungsflügen ausreichte, ist inzwischen in ihren technischen Möglichkeiten so zurückgeblieben, dass sie weder als Angriffswaffe noch zur Verteidigung irgendetwas taugt. Der Wille der deutschen Bevölkerungsmehrheit, befragt, ob sie das Land im Falle einer feindlichen Invasion zu verteidigen bereit sei, ist so dubios, dass man den vor einigen Jahren bekannt gewordenen Satz eines namhaften Universitätsphilosophen – »Lieber rot als tot« – inzwischen als eine Regel zu nehmen hat: lieber die Besetzung des Landes hinnehmen, als bei seiner Verteidigung sterben.

Man hat bei dieser Variante einer objektiven militärischen Dekadenz zu verweilen. Zunächst ist daran zu erinnern, dass seit jeher im Willen zur militärischen Selbstbehauptung das Definitionsmerkmal nationaler Stärke gesehen worden ist. Karthago, so geht die Rede, ist letztlich untergegangen, weil seine Bürger nicht zur Selbstverteidigung bereit waren, sondern im Unterschied zu Rom von Söldnerheeren abhingen. Deutschland wurde nach dem Zweiten Weltkrieg nicht Karthago, obwohl der Westen Ähnliches mit Deutschland vorhatte. Aber es erfüllte eine entscheidende karthagische Bedingung: Es verzichtete a priori für sich auf jede Gewaltandrohung zur Durchsetzung seiner nationalen Interessen. Die berühmte Formel hierfür lautete: »Von deutschem Boden darf nie wieder Krieg ausgehen.« Schon dieser Satz – hierzulande mit sentimentalem Gusto permanent wiederholt, von amerikanischen und englischen Politikern aber mit gemischten Gefühlen aufgenommen – enthüllte seine spezifische Substanzlosigkeit darin, dass er sich wie eines Hasen Versicherung gegenüber dem Löwen anhörte: »Ich will dich auch nie wieder beißen.«

Mit anderen Worten: Es war angesichts der geopolitischen Lage in Europa ein überflüssiger, ein leerer Satz, der ebendarin aber eine politische Botschaft enthielt. Dieser Satz hing noch immer mit einer Art von »Selbstverleugnung« zusammen, ein Wort, das Jean-Paul Sartre im deutschen Vorwort zu seinem Drama *Die Fliegen* benutzte, um eine passive deutsche Nachkriegsmentalität kritisch zu charakterisieren.

Die fortwirkende Gültigkeit dieses Problems zeigte sich im Afghanistan-Dilemma der deutschen Außen- und Militärpolitik. Die dorthin geschickten deutschen Soldaten traten im relativ sicheren Norden des Landes im Unterschied zu allen anderen Nato-Einheiten als uniformierte Sozialhelfer auf. Trotz mehrfach diskret geäußertem Wunsch, für den Kampf gegen die Taliban im Süden des Landes Einheiten bereitzustellen, bestand und besteht die deutsche Politik darauf, nicht in Kämpfe verwickelt zu werden. Deutsche Soldaten kämpfen nicht, sondern helfen. Durchaus zu Recht: Denn es handelt sich nicht um die sogenannte Feigheit vor dem Feinde. Vielmehr darum, dass bei den ersten wirklich im Kampf gefallenen deutschen Soldaten jede deutsche Regierung angesichts der Mehrheitsverhältnisse in eine Krise geraten würde. Sozialdemokraten und Grüne und auch viele Angehörige der CDU – ganz zu schweigen von der Bevölkerungsmehrheit – würden tote Soldaten nicht akzeptieren. In welcher Weise die politische Führung auf einen solchen Fall reagierte, panisch oder überlegt, darüber ist nur zu spekulieren. Es genügt festzuhalten, dass die Konsequenz aus den beiden angezettelten und verlorenen Weltkriegen noch immer die gleiche ist: ein kaum verhüllter radikaler Pazifismus der Bevölkerungsmehrheit.

Sein Motiv, eben die hinter uns liegenden Toten des 20. Jahrhunderts, enthüllt aber auch seinen Rationalitätsanspruch: Dieser ist hohl. Denn der Modus, es unbedingt und absolut nicht mehr zu Toten in einem Krieg kommen zu lassen, zeigt eine andere Konsequenz: an bestimmten, notwendig aggressiven Formen der Politik überhaupt nicht mehr teilzunehmen, wenn möglich sogar aus der Politik ganz auszutreten, wie es zuerst unter dem Schild der Besatzungsmächte, dann unter dem Schild einer von den USA beherrschten Nato dreißig Jahre lang praktiziert und zum Habitus deutschen Politikverständnisses geworden ist. Dass die Entsendung deutschen Militärs nur unter der Bedingung von Humanhilfe, nicht aber unter dem Aspekt von Machtfragen (zum Beispiel der erneuten Macht der Taliban) entschieden und öffentlich überhaupt nicht diskutiert wurde, zeigt die Differenz zu Großbritannien, wo das militärische und politische Engagement in Afghanistan einen ganz anderen Stellenwert in der öffentlichen, durchaus kritischen Debatte hatte. Der Grund hierfür – nämlich die historisch lange Anwesenheit Großbritanniens im Nahen und Mittleren Osten – erklärt, aber entschuldigt nicht die Abwesenheit eines politischen Interesses in Deutschland. Dieses Austrittssyndrom – nicht nur in der Bevölkerung, sondern auch von jeweiligen Mehrheiten in den Parteien, häufig dadurch verschleiert, dass die historische Überholtheit militärischen Engagements behauptet wird – kann die Frage, ob auch die Bundesrepublik die Anzeichen einer Reduktion des Öffentlichen zum Privaten zeigt, genauer beantworten helfen.

Bekanntlich hat Friedrich Nietzsche im Kontext seiner Kulturkritik den Begriff der »décadence« neu zu definieren versucht. Er benutzt dabei seine später unter Verdacht gestellte Formel »Wille zur Macht«. Diesen nicht zu besitzen, darin sah er das Kennzeichen von Dekadenz, psychologisch und physiologisch. Was daran besonders Skandal machte, war der zynisch klingende Bezug auf die »Schwachen«, sei es in Gestalt der »Intellektuellen« oder der »Theologen«. Der Begriff war also ein Kampfwort in Nietzsches Umwertung der jüdisch-christlichen Moral, deren Ethik es zu bekämpfen gelte, im Namen einer neuen dionysischen Ethik. Nietzsches Fassung des Begriffs gibt insofern keine Antwort auf unsere Frage, was Dekadenz heute bedeuten könnte.

Trotzdem trifft er den Nerv des Problems, wenn man die Formel von ihrer metaphysischen und ideologischen Aura befreit und sie rein analytisch anwendet. Man kann das unter Zuhilfenahme einer Erläuterung von Nietzsche selbst tun: »›Deutschland, Deutschland über Alles‹ – ist vielleicht die blödsinnigste Parole, die je gegeben worden ist. *Warum* überhaupt Deutschland – frage ich: wenn es nicht Etwas *will, vertritt, darstellt,* was mehr Werth hat, als irgendeine andere bisherige Macht vertritt! An sich nur ein großer Staat mehr, eine Albernheit mehr in der Welt.«

Während Nietzsches klassische Definition der Dekadenz in *Jenseits von Gut und Böse* den Machtbegriff als physische Gewalt gegenüber anderen, als Aggression gegenüber anderen Nationen versteht – was zweifelsohne die Aggressionsideologie deutscher Nationalisten zwischen 1914 und 1939 angeregt hat –, ist hier ausschließlich Macht im Geistigen gemeint. Diese war durch Deutschlands Sieg über Frankreich, so Nietzsche, eben nicht dargestellt worden, im Gegenteil: Kriegerische Macht und intellektuelle Kapazität sind nach diesem Diktum zweierlei. Es kommt hinzu, dass der Begriff »Macht« von Beginn an durch ein deutsches Missverständnis gekennzeichnet war: Macht wurde vom Recht abgetrennt. Als ob Machtausübung die Annullierung von Recht bedeute! Die Militärmacht Rom, an die Nietzsche vor allem gedacht hatte, war gleichzeitig eine, die das Recht erfand und vertrat wie keine andere Macht zuvor.

Dieses deutsche Missverständnis verdankt sich einerseits der langen militärischen und politischen Ohnmacht der regional strukturierten Länder des alten Reichs des 17. und 18. Jahrhunderts, die deshalb jede auf sie ausgeübte militärische Gewalt fremder Mächte (zum Beispiel die Napoleons) als eine rechtlose empfanden. Andererseits – selbst zur Macht gekommen, aber nicht an Macht gewöhnt – neigte man dazu, militärische Macht zuweilen durch plumpen Vertragsbruch auszuüben wie 1914 in Belgien. Die um 1900 in Deutschland aufgekommene antibritische Redewendung »Sie reden von Gott, aber meinen Kattun« offenbart diese Tendenz, Macht und Recht sich nur getrennt denken zu können, einschlägig. Anders ausgedrückt: Macht ist hierzulande apriorisch mit moralischem Misskredit belastet. Das ist eine psychologisch naive wie historisch regressive Ansicht, die noch immer nicht ganz verschwunden ist in deutschen Urteilen über angelsächsisches Politik- und Machtverständnis.

Was an Nietzsches Sätzen ins Auge sticht, ist, obwohl kein physischer Begriff von Macht, trotzdem noch immer provokativ für den derzeitigen Zustand der deutschen Mentalität: das Eminent-sein-Wollen im Geist, das Eminent-sein-Wollen im Geistigen! Dass Nietzsche dabei verächtlich von der heraufkommenden Wilhelminischen Ära sprach, der er geistige Originalität nachdrücklich absprach, wird den heutigen Pazifisten nicht beruhigen. Das Prinzip von Eminenz, die per definitionem konkurriert, die agonal sein will, die prinzipiell nicht ohne Aggression auskommt, genügt völlig, um auf die Schwarze Liste der sozialen Tabus gesetzt zu werden. Jedenfalls bis gestern. Ob sich das heute geändert hat, lässt sich am ehestens beurteilen, wenn man auf den Alltag sozialer Praxis schaut. Und was sich da zeigt, so verschieden es inhaltlich auch ist, lässt sich durchweg mit dem Defizit charakterisieren: etwas zu wollen, etwas zu vertreten, etwas darzustellen. Es geht also nicht mehr und nicht mehr vornehmlich um Pazifismus im Kriegsfall als Problem. Es geht um charakteristische Mentalitäten im Generellen. Was also erscheint da?

Es erscheint ein Mann in einer Art Schlafanzug in einer kleinen ostdeutschen Stadt, langsam in Pantoffeln die Straße hinabgehend zum nächsten Laden, um seine Milch zu holen. Er hat keine Scham, seinen unaufgeräumten Anblick den Nachbarn darzubieten. Ganz im Gegenteil, indem er sich so zeigt, will er der Mitwelt bedeuten: Es gibt gar nichts anderes mehr als mich in meinem Schlafanzug. Auch ihr seid Schlafanzüge. Lasst uns zusammen schlafen gehen.

Es erscheint ein junger Student in der Halle einer westdeutschen Universität. Er hat es nicht eilig, in eine Vorlesung oder ein Seminar zu kommen. Er ist konzentriert auf die Nahrungsangebote auf den Tischen, an denen man kaum vorbeikommt, will man die Buchhandlung erreichen. Mit vollem Mund erreicht er schließlich eine überfüllte Vorlesung, deren Programm inzwischen auf ihn und seinesgleichen eingestellt ist: nämlich nach drei Jahren in ein unqualifiziertes Verdienstleben entlassen zu werden.

Es erscheint eine unglückliche Person im Nachmittagsfernsehen, die ihrem Befrager erzählt, wie schlecht es ihr geht. Schlecht im Bett, schlecht im Büro. Manchmal ist sie eingerahmt von solchen, denen es noch viel schlechter geht. Entweder sind sie verunstaltet oder Opfer von jahrelangen sexuellen Misshandlungen oder ganz einfach todkrank. Lasst uns unser Elend wenigstens jedem erzählen dürfen!

Es erscheint der Volksschüler auf dem Weg nach Hause. Er hat Angst. Ihm ist gerade von einem kleinen Türkenjungen das Geld abgenommen worden, das ihm die Mutter zum Einkaufen mitgab. Nun hat er Angst, dass sich das bald wiederholen könnte. Ob der Türkenjunge zu stark für ihn war und er den Raub nicht abwehren konnte, weiß er nicht, denn er hat es überhaupt nicht versucht. Er weiß gar nicht, wie er das hätte anstellen sollen, selbst wenn er stärker gewesen wäre als jener.

Es erscheint eine junge Frau von walrossartiger Dimension, umgeben von ihrer Nachkommenschaft, drei Jungwalrössern wahrscheinlich unterschiedlichen Geschlechts, die frech und ängstlich zugleich als private Monstrositätenschau sich durch die Fußgängerzone bewegt, mit Essbarem und Trinkbarem wohlversehen in jeder Hand, auf dass die Gefahr eines auch nur kurzfristigen Stockens der Nahrungsaufnahme im Keim erstickt werden kann.

Die fünf Bilder sind nicht erfunden, und dennoch sind sie gleichzeitig parabolisch. Sie lassen Mitglieder einer Unterschicht – auch der Student gehört inzwischen dazu – sichtbar werden, die den Verlust des Willens zur Selbstdarstellung geradezu physisch inkorporieren. Es hilft nicht viel zu sagen, das sei die neue Unterklasse, die schuldlos und schutzlos ins soziale Elend geraten sei. Die Beispiele deuten nicht mit dem Finger auf dieses Problem. Das Sich-gehen-Lassen, die öffentliche Formlosigkeit breitet sich inzwischen überall aus, selbst in sozial höheren Quartieren. Das, was daran neu ist, hat zwei ins Auge fallende Seiten. Erstens: Der Verlust an Willen wird nicht konterkariert durch das Gegenbeispiel einer mächtigen Willenspräsenz an anderer Stelle. Es gibt kein institutionelles oder gesellschaftliches Vorbild mehr, das bei dem Verlust des Willens dem Willenlosen wieder aufhelfen würde. Die sogenannte Funktionselite, die heute die Geschäfte führt, tut das ohne irgendeinen kulturellen, moralischen oder geistigen Anspruch. Auch im übrigen Europa hat die traditionelle Oberschicht nicht nur ihren Einfluss verloren, sondern ist auch physisch im Verschwinden.

In Deutschland wirkt der Kahlschlag radikaler, was angesichts des politischen Versagens dieser Eliten im vorigen Jahrhundert nicht wundert. Dementsprechend sind die politischen und kulturellen Institutionen: Sie erzeugen weder in

Rede noch im weltlichen oder religiösen Ritual, noch in ihren öffentlichen Bauten irgendein Halteseil, an dem sich die Willenlosen festhalten und Mut schöpfen könnten. Es ist hier absehbar, welche verheerenden Folgen der Triumphalismus der Nationalsozialisten auf die Nachkriegsmentalität gehabt hat. Allerdings gibt es bei Sigmund Freud die Bemerkung, dass nur in der deutschen Sprache mit dem Wort »Ehrgeiz« die Kategorie der »Ehre« negativ gepolt sei. Das ließe sich mit Norbert Elias' Beobachtung verbinden, wonach in Deutschland der aristokratische Tugendkanon keine Nachwirkung gehabt hat. Die derzeitige Symptomatik hätte dann noch ältere Wurzeln.

Es gibt ein symbolisch vielsprechendes soziales Panorama für alle diese Formen des Verschwindens des sonoren Öffentlichen im vulgär Privaten: die Erscheinungsform und Umfunktionierung der deutschen Bahnhöfe. Nicht alle, aber die meisten verstecken ihre eigentliche Funktion – eben die Bereitstellung von ein- und ausfahrenden Bahnen – architektonisch und ökonomisch hinter einer breiten Kulisse anderer Angebote, seien es kulinarische oder modische. Vor die Ansichten aus Stein, Glas und Eisen wurden Kaufhöhlen gerückt. Die Mehrheit der sich dort Aufhaltenden sind gar keine Reisenden. Sie haben kein Reiseziel. Ihr Ziel sind diverse Imbisssituationen, wo Wurst-, Kuchen-, Fisch- oder Bierangebote der Bewegung der wirklich Reisenden im Wege stehen. Selbst der neue Hauptbahnhof Berlins kennt keine angemessenen Wartesäle, sondern McDonald's und verwandte Etablissements als Aufenthalt – für wen?

Diese Substitution des öffentlichen Verkehrsorts durch Einkaufs- und Essorte – die ökonomischen Gründe hierfür seien beiseitegelassen – hat nicht nur Konsequenzen für den Stil des öffentlichen Gebäudes und ist in ihrer Hässlichkeit einmalig in Europa (man vergleiche nordrhein-westfälische Hauptbahnhöfe, sie sind die schlimmsten, mit dem Pariser Gare du Nord oder Gare Saint-Lazare oder mit Londons »St. Pancras« oder selbst »Victoria«). Es handelt sich um die unbewusst-bewusste Zerstörung aller funktionalen Objektivität, an der die Subjektivität des privaten Einzelnen sich stoßen könnte. Der beschriebene neue Phänotyp des nur noch Aufnehmenden und Ausscheidenden hat hier seine adäquate Behausung gefunden. Das ursprüngliche Motiv, das bei solcher Privatisierung eine Rolle gespielt haben mag, ist auch vielsprechend: Man wollte offensichtlich dem neuen Verkehrsteilnehmer den allzu frühen Blick auf die ein- und ausfahrenden Züge, ihren Lärm, ihre irgendwie noch immer gefährlich anmutende Dynamik ersparen. Vielleicht gab es sogar das unterbewusste Tabu, die Assoziation der Eisenbahn als militärisches Transportmittel. Die architektonische Schule dieser Manier gehörte zum selben Typus, der die Fußgängerzone erfand: die wilde Welt reduziert auf eine niedliche Innenwelt ohne Herausforderung. Ihre Verteidigung lautet: Das ist unsere private, unsere pazifizierte Eisenbahn. Deshalb wirken alte Filme, in denen Bahnhöfe und ab- und einfahrende Eisenbahnen eine Rolle spielen – *Casablanca, La bête humaine, The Train* –, heute sogar wie Gebärden des Heroischen.

Zweitens: Brechts Sinnspruch »Die im Dunkeln sieht man nicht« hat seine Wahrheit verloren. Gerade die im Dunkeln stehen heute im Scheinwerferlicht einer privatisierten Öffentlichkeit. Es gibt keine private Miserabilität, keine private Obszönität, keine private Hässlichkeit, die qua Massenmedien nicht zum Stand des öffentlichen Bewusstseins gemacht würde und dort inzwischen einschlägige normative Wirkung zeitigt. Der Anteil der privaten Katastrophen nicht nur in den kommerziellen Kanälen, sondern auch in den politischen

Nachrichten des öffentlich-rechtlichen Fernsehens gehört in den vom Opferkult zur Celebrityfeier changierenden Diskurs. Europäische Politiker entschuldigen sich für die europäische Kolonialpolitik, obwohl eine solche Entschuldigung gedanklichen Nonsens darstellt. Denn unabhängig davon, wie berechtigt ein negatives Urteil über Britisch-Indien oder Französisch-Algerien ist, lässt sich die Kolonialethik des Viktorianischen Zeitalters nicht durch die Ethik unserer Epoche einholen, überholen, revidieren. Nur wenn das möglich wäre, wäre die Entschuldigung sinnvoll, hätte sie einen moralischen Kern. Auch die Entschuldigungslitanei gehört zur Inversion von Politischem und Privatem.

Wenn man die angeführten Beispiele zusammenfasst, wird ein für die Bundesrepublik charakteristisches Merkmal erkennbar: Nichts zu wollen heißt hierzulande nunmehr vor allem eines: Reduktion von Politik auf Sozialhilfe. Sozialpolitik wäre schon zu viel gesagt. Die Bismarck'sche Sozialpolitik, Geburtshelferin der heutigen, diente ja dem Zweck, die Arbeiter zu befrieden, um dafür umso mehr den Willen Bismarck'scher Politik durchsetzen zu können. Es war gewissermaßen die Zweiteilung zwischen denen, die nach dem Wort von Denis de Rougemont fragen »Was wird uns geschehen?«, und denen, die fragen »Was können wir tun?«. Die Frage nach dem, was uns geschehen wird, ist die Frage der Dekadenz, zu der Bismarck die Arbeiterschaft überreden wollte, während er selbst den Willen zur Macht exerzierte. Gehen wir taktvollerweise nicht dem Verdacht nach, inwiefern die Sozialpolitik der dreißiger und vierziger Jahre zum Modell für die heutige geworden ist. Die vorangegangene Amoral jedenfalls sollte die aktuellen Führer der Sozialdemokratie eigentlich abschrecken, ihren Willen zur Sozialhilfe so ganz ohne sonstige Ambitionen zu verklären.

Läuft die Beschreibung einer kulturell und politisch schlaffen Bescheidenheit – bescheiden selbst beim utopischen Projekt Europa – nicht auf eine Skizze dessen hinaus, was man in der Soziologie »postheroische Gesellschaft« nennt? Und diese wiederum folgte nur dem längst diagnostizierten Niedergang der bürgerlichen Denk- und Lebensformen, wie sie Panajotis Kondylis beschrieben hat? In Deutschland wäre dann beides nur am weitesten fortgeschritten, aber überall sonst auch in voller Entwicklung, wie das zu Eingang behandelte britische Beispiel illustrierte. Damit wäre zunächst nur erkannt, dass es sich um einen notwendig gewordenen Prozess handelt. Notwendigkeit aber schließt Dekadenz nicht aus, Dekadenz in all ihren Formen eines Mangels an Willen zur Macht: kulturell, moralisch und politisch.

Es ist Zeit geworden, den Begriff Nietzsches entdämonisiert zu verstehen. Dabei könnte ein Gedanke Niklas Luhmanns weiterhelfen, sofern man nicht auch diesen dem Reich des Bösen, also Carl Schmitts Unterscheidung von Freund und Feind, zuordnet: In dem nachgelassenen Werk *Die Politik der Gesellschaft* analysiert Luhmann Macht als das Medium der Politik, Macht als »ein besonders symbolisch generalisiertes Kommunikationsmedium«, woran auch nichts ändert, dass »speziell politische Macht«, wie Luhmann sarkastisch zugibt, »einen schlechten Ruf« hat (und besonders in Deutschland). Im Unterschied zur Wirtschaft, deren Medium das Geld ist und die mit positiven Sanktionen arbeitet, stützt sich die Macht als Medium der Politik in der Regel auf negative Sanktionen – letztendlich auf physische Gewalt. Was das in einer Gewalt perhorreszierenden Gesellschaft wie der unseren bedeutet, hat Luhmann, sozusagen im Blick auf Heiligendamm, vorhergesagt: »Die Polizei darf erscheinen, aber sie sollte nicht genötigt sein zuzupacken.«

Es wäre an der Zeit, die belasteten nietzscheanischen Begriffe Willen und Macht mit Luhmann systemtheoretisch abzukühlen, denn wer auf Macht verzichtet, verzichtet auf Politik. Das aber wäre eine Form der Dekadenz, die weit über den Verlust von Größenfantasien hinausginge (solchem Reifeprozess könnte man vielleicht sogar applaudieren). »Kein Wille zur Macht« würde dann nichts anderes bedeuten, als den Willen zur Politik aufzugeben. Doch gibt Luhmann die Konsequenzen zu bedenken: »Wenn Intellektuelle einen eigenen Begriff von Politik bevorzugen, mögen sie das tun; aber sie verzichten damit auf einen Zugang zu den Operationen, die in der heutigen Gesellschaft als politisches System ausdifferenziert sind.«

Erzählter und politischer Hass

1.

Drei Kriege zwischen Frankreich und Deutschland haben die moderne kulturelle und politische Vorstellung vom jeweils Anderen bestimmt. Für die französische Wahrnehmung und die ihr folgende Hass-Thematik ausschlaggebend war nicht der Erste Weltkrieg, noch weniger der Zweite, sondern der Krieg von 1870/71 zwischen Preußen-Deutschland und dem Zweiten Französischen Kaiserreich beziehungsweise der Dritten Französischen Republik. Wenn im Folgenden hierfür Texte vornehmlich von Émile Zola, Guy de Maupassant und Gustave Flaubert erläutert sind, dann soll dabei zwischen historischer und poetischer Erinnerung[1] definitiv unterschieden werden: nämlich zwischen einer emotionellen Darstellung des Hasses und einer diskursiv-ideologischen. Historische Zeitgenossenschaft – so der Ausgangspunkt – verändert sich, während die Intensität literarischer Darstellung ihren Gegenwartseffekt behält, also auch den Hass-Effekt.

Zunächst sei das Paradox erläutert, dass vier literarisch besonders signifikante französische Texte – kurz vor und während des Zweiten Weltkriegs geschrieben – dem deutschen Feind, genauer: dem preußischen Offizier, zwar kritisch, aber mit wenn auch eingeschränkter Hochachtung begegnen: Marguerite Yourcenars 1939 erschienener Roman *Le coup de grâce (Fangschuss)*, Vercors' 1944 erschienene Geschichte *Le silence de la mer (Das Schweigen des Meeres)*, Jean-Paul

Sartres 1983 erschienene, 1940 geschriebene *Les carnets de la drôle de guerre (Tagebücher – November 1939 bis März 1940)* und Albert Camus' 1943 bis 1944 geschriebene, 1948 veröffentlichte *Lettres à un ami allemand (Briefe an einen deutschen Freund)*. Yourcenars *Le coup de grâce* zeigt die brisante, weil heroisierende Stilisierung eines adligen preußischen Offiziers als Freicorpskommandant gegen bolschewistische Revolutionäre im Baltikum der zwanziger Jahre, als Wiedergänger des ostpreußischen Deutschritterordens und der, wie es heißt, »alten Tradition der Strenge und Tapferkeit«. Nicht den rechtsradikalen Freicorps wird eine ausgesuchte Grausamkeit gegenüber Gefangenen nachgesagt, sondern den bolschewistischen Einheiten. Wenn der Held seine Geliebte – ihr erotisch-komplexes Zueinander und Widereinander ist Kern der Geschichte –, ebenfalls aus preußisch-baltischem Adel, am Ende in einem rituellen Akt erschießt, weil sie auf die Seite der Bolschewiken überging, dann ist das nach dem Willen der Autorin der Höhepunkt einer Tragödie im Sinne Corneilles.

In Vercors' *Le silence de la mer* wird die hohe Gestalt eines adligen deutschen Offiziers einer kritischeren Charakterprobe unterworfen, wenn er, im Hause eines vornehmen älteren Franzosen und dessen Nichte einquartiert, nur deren Schweigen begegnet. Sein Takt und seine musikalische Begabung werden hervorgehoben, aber seine üppigen Sätze über die deutsche und französische Literatur, die zukünftige Gemeinsamkeit beider Kulturen und schließlich die Entscheidung, der Versetzung an die Ostfront selbstverständlich und stoisch Folge zu leisten, obwohl er die verbrecherische Natur des Regimes erkannt hat, werden zum Verdikt, ohne ihm die melancholische Aura zu nehmen. *La silence de la mer* ist eine Parabel des französischen Widerstands. Aber der deutsche Offizier gleicht nicht, wie Yves Beigleider schrieb, »den blutdürstigen Bestien«. Als solche beschreibt der Offizier den inhuman gewordenen, einst idealistischen Bruder und dessen Pariser Besatzungskameraden. Und als solche wurden auch die Preußen von Zola, Maupassant und Flaubert siebzig Jahre zuvor geschildert. Wenn die musikalische Begabung des deutschen Helden in Romain Rollands Roman *Jean Christophe* (1904–1910) als Garant einer französisch-deutschen Union erscheint, dann hier als ein vergeblicher Anspruch. Dennoch: auch als eine Tragödie.

Jean-Paul Sartre hat in seinen Aufzeichnungen vom März 1940, also noch vor der deutschen Okkupation von Paris, das preußische Königtum und die Politik Wilhelms II. nach Kriterien seiner gerade entwickelten existentialistischen Diagnostik der Wirklichkeit in ihren »Bedeutungs-Schichten« beurteilt, also nicht moralisch-politisch denunziert. Zwar sieht Sartre »die Hegemonie Preußens« auf der Herrschaft eines militarisierten Adels, den Junkern, beruhen.[2] Gleichzeitig aber versteht er das Königtum Wilhelms in seinem eigenen »Sein«,[3] dem »vorontologischen Verständnis von sich«, kritisiert also nicht Wilhelms Herrschaft unter westeuropäisch-demokratischen Kriterien. Die existentialistische Würdigung lautet: »Die Herrschaft ist für Wilhelm II. nichts Äußeres. Es ist auch keine innere und privilegierte Vorstellung. Es ist die Herrschaft.«[4] Und: »Ich sehe, dass Wilhelm zuerst großer König sein will.«[5] Oder: »Die Würde des Königs von Preußen verleiht dieser Herrschaft einen militärischen Charakter. Der König ist Soldatenkönig.«[6] Das ist, wie wir sehen werden, die Umkehrung der in der Hass-Imagination Émile Zolas getroffenen Charakteristika Preußens: stattdessen Erhabenheitsformeln in der Tradition Friedrichs des Großen.

Schließlich Albert Camus' 1943/44 geschriebene *Lettres à un ami allemand (Briefe an einen deutschen Freund).* Auch dieser Text gehört zur französischen Widerstandsliteratur. Der Titel verweist nicht darauf, dass es sich um den Versuch einer Wiedergewinnung der Freundschaft handeln wird: Der Freund bleibt ein Freund von gestern, der zum Feind wurde und dessen unreflektierte Kriterien wie »Größe«, »Heroismus« oder »Zorn« angesichts der erlittenen Demütigungen Frankreichs unter tödlichem Terror einer Inspektion der Reflexion ausgesetzt werden, wobei die deutsche Niederlage unübersehbar ist. Der Brief wird zu einem endgültigen intellektuellen und moralischen Gericht über jemanden, der bisher in Kategorien einer siegreichen, aber nihilistischen Gewalt gedacht hat, sogar am Beispiel nationaler literarischer Mythologeme wie Faust gegen Don Quichote oder Siegfried gegen Hamlet. Camus, der das heroisch-nihilistische Ethos des Freundes in seiner Wurzel versteht, weil sein eigenes Denken sich mit diesem einst berührte, konfrontiert den fast schon Verlorenen mit der Vision eines anderen, neuen Europas. Ob der ehemalige Freund jemals dazugehören wird, bleibt unentschieden.

Die genannten fünf Evokationen Preußens und Preußen-Deutschlands, die – abgesehen von Vercors' Erzählung – von der Mehrheit der französischen Intelligenz nicht geteilt wurden, perspektivieren die im Folgenden erläuterten Negationen Preußens in all ihrem Hass und in der Dämonisierung. Um den falschen Eindruck einer kontextuellen Abhängigkeit zwischen den drei Dichtern Zola, Maupassant und Flaubert zu vermeiden, beginne ich mit dem Kommentar zur ausführlichsten, zeitlich aber spätesten Darstellung des Hasses: Zolas 1892 erschienenem Roman *La débâcle (Der Zusammenbruch).* Der Umstand, dass Zolas sechshundertseitige Schilderung der von den kaiserlichen und republikanischen Armeen verlorenen Schlachten und Kämpfe zwischen August 1870 und Januar 1871, einschließlich der Belagerung und Besetzung der vom Bürgerkrieg zerrütteten Metropole Paris, erst zwanzig Jahre nach diesen Ereignissen als vorletztes Buch seiner *Rougon-Macquart*-Serie geschrieben und publiziert worden ist, verweist auf die Wirksamkeit von Zolas Bildern und Wertungen in einer neuen historischen Epoche, wie sehr er auch gerade die unmittelbaren Impulse der Bevölkerung in der Provinz und in der Hauptstadt so lange nach diesen Ereignissen thematisiert hat. Die Wirkung ist umso mehr herauszustellen, als *La Débacle* nicht zu Zolas literarisch bedeutenden Romanen gehört, aber die Fantasie durch seine Melodramatik gefangen nimmt.

Das beginnt mit der Schilderung der elsässischen Landschaft und Witterung, deren plastisches, friedliches Panorama samt der farbigen Szenen der auf den deutschen Angriff wartenden oder auf den eigenen Angriff erpichten französischen Truppen schon das düstere Gegenbild eines blutigen Schlachtfelds erwarten lässt. Das Eindringen der preußisch-deutschen Armeen in diese Idylle soll nach dem Willen Zolas allein schon als die Verletzung einer unendlich überlegenen Zivilisation erscheinen. Dadurch erhält die Schilderung der in Illusion sich auflösenden Pariser Erwartungen eines frühen Siegs auch den Eklat eines Kultursturzes, ja einer europäischen Katastrophe, von Zolas dokumentarisch informiertem Blick in der für ihn charakteristischen Farbentiefe und Detailismus geschildert. Der preußische Eindringling verletzt durch sein Eindringen ein menschlich-göttliches Gesetz, obwohl Frankreich den Krieg erklärt hatte und der französische Marsch auf Berlin – nach altem Muster – ausgemachte Sache bei den Pariser Politikern, Militärs und der Bevölkerung war. Nur ein einziges Mal, ohne dass diese Erklärung wiederholt würde, lässt Zola einen seiner Romanhelden, einen später von den Deutschen in brutal gezeigter Manier als Partisan erschossenen Elsässer, von der militärischen und intellektuellen Macht Preußens sprechen, seinem durch vorangegangene Kriege ruhmbedeckten Heer, seinen motivierten jungen Offizieren und einem Oberbefehlshaber, der, wie es heißt, »die Kriegskunst erneuern zu wollen schien«.[7]

Damit hat sich Zola einer Einsicht über die Fähigkeiten der preußischen Sieger entledigt, was ihn fortan in seiner Darstellung nur deren negative Kehrseite erblicken lässt. Zunächst, bevor das drastisch geschilderte Chaos der französischen Strategie wie die tragische Unterbrechung einer langen Tradition der Siege dramatisch in Szene gesetzt ist, wird der deutsche Gegner im Blick einzelner französischer Soldaten ridikülisiert. Obwohl Zola die Reaktion als Selbstüberschätzung und Blindheit vor den Tatsachen zeigt, wird das Ausmaß der sich anbahnenden endgültigen Niederlage dennoch als ein nicht vorgesehener Zwischenfall der Geschichte, der Frankreich vom Schicksal vorgesehenen politischen und kulturellen Vorherrschaft, vermittelt, um den Sieger umso intensiver in schwarzen Farben erscheinen zu lassen. Ausgespart ist die die Epoche französischer Siege beendende Niederlage von Waterloo, an der die preußische Armee und die Deutsche Legion des britisch-hannoveranischen Königs George III. maßgeblichen Anteil hatten. Ebenso ausgeblendet bleiben bei dieser Berufung auf den historischen Zwischenfall die Niederlage französischer Heere bereits eine Epoche zuvor gegenüber der Armee Friedrichs des Großen. In Zolas geschildertem französischem Selbstbewusstsein spiegelt sich eine vom Autor geteilte, seit Längerem gepflegte anachronistische Haltung, die Goethe in seinen Erinnerungen *Dichtung und Wahrheit* geschildert hat, wenn ein im Frankfurter Haus des Vaters einquartierter französischer Kommandant den preußischen Patriotismus des Vaters nicht versteht, der ob der Siege Friedrichs des Großen »fritzisch« gesinnt gewesen sei, so wie er selbst als siebenjähriger Knabe, der sich – wie Goethe schreibt – an den populär gewordenen Spottliedern gegen die französische Armee nach der Schlacht von Rossbach erbaut habe.

Der französische Kommandant war sich offensichtlich auch nicht eines weiteren naheliegenden patriotischen Motivs von Goethes Vater bewusst: der Erinnerung an die Verwüstungen der vor der Frankfurter Haustür liegenden Pfalz durch die Truppen Ludwigs XIV. erst sechzig Jahre zuvor. Nach der preußischen Niederlage 1806 bei Jena und Auerstedt, die Zola von einem französischen Soldaten mit Gusto erwähnen lässt, hatte sich der von Goethe erwähnte biedere Patriotismus zu einem glühenden Nationalismus verändert, der identisch war mit Franzosenhass. Die grausame, von General Blücher befehligte Verfolgung der fliehenden napoleonischen Armee durch preußische Kavallerie am Abend nach Waterloo belegt dies. Schon Lessings emphatische Verwerfung der Tragédie classique Corneilles und Racines im Namen Shakespeares, sein Spott über einen französischen Hallodri im publikumswirksamen Drama *Minna von Barnhelm* hatte diesem militärischen Abrechnungsbedürfnis schon vorher eine kulturkritische Note gegeben.

Wenn in Zolas Schilderung diese kulturelle und militärische Vorgeschichte völlig ausgespart bleibt, dann bereitet sich hier der für das Hass-Motiv entscheidende Aspekt vor: Preußen und Preußen-Deutschland hatten in solch einer Perspektive keine Vorgeschichte in der Kultur Europas. Die Preußen kommen in Zolas Darstellung wie die Germanen der Völkerwanderung plötzlich aus einem Nichts des Unbekannten. Preußen hat keine Ähnlichkeit mit einem von Frankreichs traditionellen Gegnern, sei es England, Spanien oder Österreich. Die französischen Überfälle auf deutsche Territorien im 18. und 17. Jahrhundert implizieren die Annahme, es handele sich um die Reglementierung von Unzivilisierten durch die Zivilisation, vergleichbar der römischen Zivilisierung der Germanen jenseits des Limes. Dem Blick auf diese kulturelle Leere entspricht die unterschiedslos stereotype Darstellung der preußischen (oder bayerischen) Soldaten und Offiziere, bevor sie in ihren als »barbarisch« bezeichneten Handlungen markiert sind. Ihre Siege – nachdem in Zolas Sicht seit Hunderten von Jahren kein Feind im Lande gewesen war –, die preußischen Siege in Elsass-Lothringen, bei Spichern, Gravelotte und schließlich Sedan, sind Resultate einer Naturgewalt, gegen die die französischen Heere machtlos sind. Sie werden nicht geschildert als das Ergebnis soldatischer Bravour und strategischer Intelligenz. Es gibt nicht die »Trompete von Vionville«, nicht die preußische Reiterei bei Mars-la-Tour, wo fast alle ihre Offiziere fielen.

Theatralisch grandios in Szene gesetzt ist dagegen der finale Todesritt französischer Kavallerieregimenter vor Sedan gegen preußische Kanonen und Scharfschützengewehre. Ihr Tod besiegelt das militärische Los der französischen Armee in Sedan, wie es den Ruhm der französischen Reiterei unvergessen machen soll. Zolas malerische Details – er verstand den Dichter ja als Maler und war mit Größen des Impressionismus befreundet – und die genaue Kenntnis der kavalleristischen Angriffs- und Rückzugsbewegungen schwelgen sozusagen in der minutiösen Darstellung der auf die preußische Linie viermal anstürmenden Schwadronen. Der bewiesene Heroismus gibt Zolas energetischem Stilwillen sein Thema, so wie dieser Stil dann bei der Thematisierung des Hasses seine Wirkung entfalten wird. In der Schilderung der Wellen aus sterbenden Pferden und Menschenleibern, entweder unbeweglich, aber sterbend im Sattel verharrend oder zerstampft auf den Feld liegend, erscheint ein Panorama physischer Vorgänge, das Zolas am materiellen Dasein orientierten Blick in Bann zieht. Dann wird das Sterben unter den Geschossen der Kanonen wie vorher und nachher unter dem Skalpell des Chirurgen nicht einfach ein Dokument des moralisch-zivilisatorischen Protests gegen den Krieg, sondern der Ausdruck von Zolas Faszination am élan vital oder am élan de mourir. Und Ausdruck heißt, dass die ekstatische Darstellung, ohne Beschönigung des Grauens, die historischen Ereignisse transzendiert in unsere Gegenwart.

Wie das Bild vom tapferen schönen Verlierer bekommt sein Gegenbild, das Bild vom hässlichen brutalen Sieger, eine vergleichsweise bildliche Eindringlichkeit. Zunächst, auf Distanz ins Auge gefasst, sehen die Massen der preußischen Truppen, die Sedan umzingeln, wie das Gewimmel von schwarzen »Ameisen« aus. Es sind in der Darstellung Zolas schwarze Ameisen, sie heißen nur »Preußen«.[8] Die dunkelblauen Uniformen und die dunklen Helme der preußischen Soldaten sahen aus großer Entfernung schwarz aus. Zola kehrt eine realistische Wahrnehmung zu einer symbolischen Metapher um. Das strategische Vorgehen wird umgestülpt zu einem anonymen Naturgeschehen. Die Metapher verwandelt den militärischen Gegner im Kampf um die europäische Vorherrschaft in etwas anderes: »Die ganze Erde ist voll von ihnen, sie kommen, sie kommen, die schwarzen Ameisen.«[9] Das ist das, was ein Opfer in modernen Horrorfilmen sieht. Und was versucht ein solches Opfer zu tun? Die Ameisenheere zu zerstampfen. Natürlich. So auch Zolas Beobachter: »… ich möchte, dass auch ein Haufen Preußen daliegen bliebe, ganze Haufen Preußen, seht ihr! so dass man dahinten die Erde mit ihnen bedecken kann.«[10] Fortan fällt der Blick auf die Sedan umzingelnden preußischen Truppen wie auf ein »schwarzes Ameisengewimmel«.

Die Abwesenheit militärischer Ehre – nicht nur in der Perspektive der betroffenen Beobachter, sondern in der Perspektive des Erzählers Zola –, also die Verweigerung des dem Feind bewiesenen Respekts, zeigt sich auch in der Art und Weise, wie Zolas französische Soldaten die Erschießung ihrer deutschen Gegenüber jeweils kommentieren: Sie belegen die preußischen Gefallenen mit obszönen, diese lächerlich machenden Namen. Dem entspricht die Schilderung der äußeren Erscheinung, die Zola von ihnen gibt. Die einfachen Soldaten aus Brandenburg, Ostpreußen, Pommern, Schlesien oder aus dem Rheinland und Bayern haben alle das gleiche Äußere: Sie sind samt und sonders gewaltig groß, blond oder rothaarig, mit einem ungepflegten Vollbart im weißkäsigen, törichten Gesicht. Und durchweg sind sie dick oder fett. Das macht aus ihnen keine guten Kämpfer. Die Karikatur der taciteischen Germanen wird also dahingehend eingeschränkt: Sie gehen dem Nahkampf mit dem Bajonett im Gegensatz zu den französischen Soldaten eher aus dem Weg und warten mit dem Angriff auf ihre Artillerie, die ihnen den Weg ebnen soll. Eine Entindividualisierung auch hier. Aber nicht nur im Sinne der militärisch gebotenen Integrierung des Einzelnen in die Linie, sondern als etwas Stereotyp-Inhumanes. Daher die schändliche Reaktion der Deutschen, so Zola, auf den Widerstand der Zivilbevölkerung, ausführlich geschildert anlässlich des Blutbads von Bazeilles, einer kleinen Stadt südlich von Sedan, wo eine bayerische Übermacht in Zolas Schilderung die von nur wenigen Zivilisten und Soldaten verteidigten Häuser nicht überwältigen kann und schließlich durch Kanonenfeuer die Verteidiger tötet.

»Es war eine Kriegsführung von Wilden, die vor Wut über die lange Dauer des Kampfes ihre Toten rächen wollten, die Haufen von Toten, über die sie hinwegzuschreiten hatten (...) immer noch wurde in allen Ecken gemordet: das war das losgelassene Tier, der blinde Zorn, die rasende Wut des Menschen, der den Menschen verzehrt.«[11] Zola steigert seine Charakteristik des preußischen Unholds zu dem ihn als Künstler leitenden Vokabular der *Bestie im Menschen* (*La bête humaine*), so der Titel seines Romans über mörderische Vorgänge und grässliche Eisenbahnunglücke auf der Strecke Paris–Le Havre.

Zum Höhepunkt gerät in Zolas Schilderung die preußische »Barbarei«, als ein preußischer Offizier den gefangen genommenen elsässischen Zivilisten – es ist der Gleiche, der früher vor dem Kampfgeist der preußischen Soldaten und ihrer intelligenten Führung gewarnt hatte – standrechtlich erschießen lässt, die um Erbarmen flehende Ehefrau brutal beiseiteschiebend. Dass Zivilisten mit der Waffe in der Hand dem Standrecht verfielen, war preußisches Kriegsrecht, dessen Handhabung gegen belgische Freischärler im Ersten Weltkrieg später als Kriegsverbrechen geahndet wurde. Zolas Schilderung der Selbstgefälligkeit, mit der sich der preußische Offizier auf sein Recht beruft, als ob er eine moralisch gebotene Entscheidung treffe, wird zum extremen Porträt einer offensichtlich genuin deutschen Inhumanität, die notwendigerweise beim Leser Abscheu und Bestrafungsfantasien provoziert, denen Zola am Ende des Romans auch entsprechend Nahrung bietet. Als Helfer bei der Erschießung wieder das deutsche Tier: »ein dickbäuchiger Bayer mit gewaltigem, von Bart und roten Haaren umstarrten Kopf, unter denen nichts als eine mächtige, klobige Nase und dicke blaue Augen zu erkennen waren. Beschmiert mit Blut, sah er grässlich aus, wie ein Höhlenbär, eins dieser haarigen Raubtiere, wenn sie von der Beute, der sie gerade die Knochen zerbrochen haben, noch ganz blutig sind.«[12] Die Geschichte von der »Abscheulichkeit dieser Wilden, die Männer vor ihren Frauen töteten«, könnte unendlich fortgesetzt werden. Sie bildet die Gegengeschichte zur verächtlichen Ausstellung des Chaos bei den französischen Truppen und der Unfähigkeit ihrer Generäle. Die Schilderung der eindrucksvollen strategischen Überlegenheit der preußischen Armeen wird durch die Schilderung ihrer grausamen Soldaten, denen die Tapferkeit der französischen Soldaten aberkannt ist, aufgewogen. Da solche Urteile durchweg als Wahrnehmungen auch der beteiligten Zivilisten geschildert sind, wird ihr Realitätsanspruch verstärkt.

Das äußere Bild vom preußischen Offizier ist ein anderes als das vom Soldaten: Er ist kalt, hart, gut aussehend und eitel. Sein Prototyp, ein junger Hauptmann der preußischen Garde – schmale Hüften, blonder kurzer Schnurrbart, ein Helm mit dem goldenen Adler –, ist die negative Fassung des zu Beginn statuierten Bilds vom jungen, inspirierten Führer, das der erschossene Elsässer gegeben hatte. Der Hauptmann tritt am Ende des Romans angesichts des Brands von Paris noch einmal mit erprobter Unerbittlichkeit auf. Als Kommandierender einer Kompanie wird er von seiner elsässischen Cousine erkannt und um Hilfe angegangen, in die brennende Metropole zu kommen, um ihren auf Seiten der aufständischen Kommune kämpfenden Bruder zu finden. Die Reaktion des Gardehauptmanns ist diktiert von der »Eindringlichkeit seines kalten, harten Militär-Protestantismus«.[13] Und dann setzt Zola zu folgender Charakteristik an: »… es lag in ihr der ganze Rassenhass, die Überzeugung, er sei Richter über Frankreich, vom Gott der Heerscharen gesandt, um ein verdorbenes Volk zu züchtigen. Paris brannte zur Strafe für seinen jahrhundertelangen schlechten Lebenswandel, für seine lang aufgehäuften Verbrechen und Ausschweifungen. Abermals sollten die Germanen die Welt retten und den letzten Staub lateinischer Verderbnis auskehren.«[14] Der Hauptmann scheint im Blick Zolas das Ende von Paris mit Genugtuung zu erwarten, er scheint das brennende Paris mit Freude zu betrachten und seine Trümmer vorwegzunehmen.

Das Wort »Hass« wird ansonsten im Roman nur selten gebraucht. Der Hass wird vornehmlich dargestellt. Hier umschließt das Wort – bezogen auf das preußische Empfinden gegenüber Frankreich – auch seine umgekehrte Anwendbarkeit auf das französische Gefühl gegenüber Preußen-Deutschland. Diese Anwendung entblößt, wenn sie diskursiv wird, ein ideologisches Argument aus einer vergangenen Epoche. Die als unmittelbares Gefühl geschilderten Reaktionen der französischen Zivilbevölkerung und der Soldaten stellen den Hass indes wirklich her. Sie sind sein emotioneller Ausdruck, und als solcher wirkt er in seiner Gegenwärtigkeit auf eine spätere Gegenwart. Er sagt: Dieses Gefühl ist berechtigt, ja notwendig. Hierfür steht paradigmatisch das zentrale Bild der französischen Rache im dritten Teil des Romans, ja man möchte sagen, der Hass hat die Darstellung des Dichters selbst produktiv gemacht: Zola schildert die Hinrichtung eines als preußischer Spion verdächtigten Elsässers mit dem vielsagenden Namen »Goliath«. Er ist – schon im ersten Teil des Romans auftretend – der Archetyp des geschilderten blonden, blauäugigen Barbaren. Er ist also die Verkörperung des rassisch verstandenen Fremden, dessen Hinrichtung sozusagen pars pro toto vorgenommen wird. Es ist deshalb auch keine einfache Hinrichtung, vielmehr eine sadistisch-rituelle, die von Zola in ihren einzelnen Akten mit Gusto hinausgezögert wird. Zunächst die Überwältigung und Fesselung des Riesen durch zwei, drei seiner Richter, die ihm mit einem Tuch den Mund verbinden. Dann eine Art Schauprozess gegen den als »Preußenschwein« angeredeten Gefangenen, ohne dass dieser sich gegen die Anklage des Verrats verteidigen könnte, zumal das Urteil mit der Todesstrafe längst vorweggenommen ist.

Der zweite Akt, die Hinrichtungsform, wird dem Verurteilten wie folgt eröffnet: Da er nicht die Ehre eines Soldaten, die Kugel im Kopf, verdiene, solle er als »Dreckschwein« im buchstäblichen Sinne des Wortes »verrecken«. Es wird nach einem Kübel verlangt, der unter den Tischrand gestellt wird und ahnen lässt, auf welche Hinrichtung der Anführer der Prozedur aus ist, der dann auch sagt: »Weil du einmal ein Schwein bist, will ich dich auch wie ein Schwein abstechen.«[15] Abermals tritt eine Verzögerung in der Schilderung ein, indem Zola die Schlächter diskutieren lässt, wie ein Schwein angemessen abgestochen wird, provenzalisch mit dem Kopf nach unten oder nicht. Goliath, der dies alles, mundtot gemacht, anhört, wird auf den Tisch bis zum Rand gezogen, und es wird ihm mit einem großen Messer die Gurgel aufgeschlitzt: »Aus der durchschnittenen Schlagader begann das Blut sofort mit einem leisen Geräusch eines Wasserhahns in den Kübel zu laufen. Er hatte die Wunde möglichst klein gehalten; kaum ein paar Tropfen spritzten unter dem Drucke des Herzens über. Wenn der Tod hierdurch umso langsamer eintrat, so machten sich dafür so gut wie gar keine Zuckungen bemerkbar, denn die Stricke waren fest, und der Körper blieb vollkommen unbeweglich. Keine Erschütterung. Kein Röcheln. Nur auf dem Gesicht konnten sie den Todeskampf verfolgen, auf der von Todesangst zerwühlten Larve, aus der das Blut Tropfen für Tropfen zurücktrat, deren Hautfarbe allmählich zu der Weiße eines Leintuchs verblasste. Auch die Augen wurden leer. Sie wurden trübe und erloschen.«[16] Zola lässt den Schlächter anschließend nur sagen: »Sag mal, Silvine, einen Schwamm müssen wir aber doch haben.«

In grausiger Ausführlichkeit geschildert, lässt sich die gleiche für Zola charakteristische Anschaulichkeit des Details wie bei der Schilderung der tödlichen Kavallerieattacke erkennen. Das Thema zieht den Dichter auch hier allein schon artistisch an – wie man an den Szenen von Mord und Eisenbahnunglück im erwähnten Roman *La bête humaine (Die Bestie im Menschen)* erkennt. Der haptische, den Exzess suchende Stil kommt bei der Tötung Goliaths auf volle Kosten. Dem naturalistischen Verfahren, das die abstoßend-erschreckende Lust der Zuschauer eines schrecklichen Sterbens auskostet, liegt in diesem Fall aber auch das Motiv einer dem Hass des Dichters eigenen Genugtuung zugrunde, auch wenn Zola den Sadismus der als Schlächter Figurierenden zeigt. Das, was militärisch nicht möglich war zu verhindern, das, was im letzten Widerstand nicht möglich war zu rächen, das wird in Gestalt eines literarisch inszenierten Menschenopfers vollzogen: Der Prototyp des rassisch fremden Okkupanten wird aus Genugtuung, ihn auf monströse Weise sterben zu sehen, ins Bild gesetzt. Eine solche erzählerische Erinnerung unterscheidet sich von historischer Erinnerung in ihrer Gegenwart herstellenden Intensität.

Wenn bei Zola wie auch bei Maupassant das Wort »Rasse« auftaucht beziehungsweise eine rassistische Charakteristik, dann hat sie durchaus schon etwas vom geschichtsideologischen Verständnis des Wortes in Joseph Arthur de Gobineaus zwanzig Jahre vor dem Preußisch-Französischen Krieg erschienenem Werk *Versuch über die Ungleichheit der Menschenrassen* (1853ff.).

Jedenfalls wäre das Wort zu unterscheiden vom bloß geografisch-kulturellen Verständnis, das der Historiker Hippolyte Taine in seiner *Geschichte der Anfänge des modernen Frankreichs* sowie der Romancier Alphonse Daudet in dem Gesellschaftsroman *Numa Roumestan* zur Differenz zwischen französischem Norden und Süden formuliert haben, mit einer dezidiert umgekehrten Wertung von der Zolas. Während dieser die Lebhaftigkeit und Emotionalität des französischen Soldaten von der Unbeweglichkeit und Kälte des Feindes aus dem Norden positiv abhebt, spricht Taine angesichts der Marseiller Revolutionäre von 1793 von einem »Pöbel«, einer »Rasse ohne geistiges und moralisches Gleichgewicht«: improvisatorisch, mit »oberflächlicher Begeisterung« begabt.[17] Alphonse Daudet, obwohl selbst zur Hälfte aus dem Süden stammend *(Lettres de mon moulin)*, hat in seinem Roman, der wenige Jahre nach dem Preußisch-Französischen Krieg spielt, von der Eitelkeit, Sinnlichkeit und charakterlosen Unbeständigkeit der Menschen im Midi gesprochen und ihnen die souveräne Ruhe und Zuverlässigkeit der Nordfranzosen, namentlich der Normannen, entgegengesetzt. Die von ihm geschilderte stürmische Begeisterungsfähigkeit der Südfranzosen erinnert an die Soldaten Zolas, wenn sie siegen. Was an dieser Emotion die Nordfranzosen abstößt, wird von Daudet sogar »Rassenhaß« genannt.[18] Die kulturell negative Charakterisierung des Südens seit den siebziger Jahren war neu. Sie hatte keine Vorläufer in der vorangegangenen französischen Literatur, wie vor allem die Romane und Erzählungen Stendhals und Prosper Mérimées belegen, ebenso Délacroix' Malerei. Allein in dieser partiellen Kritik der spektakulären Schönheit des Südens – sie wurde keine generelle und endgültige – formulierte sich ein erster Widerstand gegen die traditionelle französische Kulturidee.

Zola, von italienischen Einwanderern abstammend, drehte dieses Schema also um, möglicherweise – obwohl nicht sehr belesen – die genannten negativen Stilisierungen des Südens durch Taine und Daudet erinnernd. Das spitzte die Darstellung des Hasses zu, die einzigartig ist in der bis dahin publizierten Literatur des Krieges, am bedeutendsten – nach Stendhals *Die Kartause von Parma* (1839) oder Heinrich von Kleists *Marquise von O...* (1808) – gewiss Tolstois Roman *Krieg und Frieden* (1864–69). In diesen Kriegsgeschichten gibt es keine Zola ähnliche Stilisierung des Feindes zum Unhold. Die französischen Soldaten, die auf dem Rückzug von Moskau Gefangene erschießen, sind keine Monster, und die französischen Offiziere unterscheiden sich *auch* nicht kulturell von den russischen. So haben wir mit Émile Zolas *La débâcle* die nachdrücklichste Erhebung des preußisch-deutschen Gegners zum absolut Fremden, dem deutscherseits ebenfalls nichts literarisch Ähnliches entspricht.

2.

Wenn der Roman *La débâcle* mit einer Schilderung des im brennenden Paris tobenden Bürgerkriegs zwischen Kommune und Bürgertum endet, in dem sich enge Freunde töten, dann wird diese Schilderung zum Zeichen tragischer Erhabenheit, dem gegenüber der Sieg Preußen-Deutschlands zu einem zwar folgenreichen, aber dennoch banalen Ereignis gerinnt, nochmals die den Hass fundierende fundamentale Fremdheit der Preußen gegenüber allem Französischen emphatisierend. Der Brand von Paris ist – obwohl als apokalyptisches Ereignis aufgefasst und als Jüngstes Gericht[19] – noch nicht dargestellt im Sinne der Metropole als Katastrophenlandschaft wie in Prousts und Célines Schilderungen des Ersten und Zweiten Weltkriegs.[20] Eine solche Sicht wird durch die Vorhersage einer neuen Größe Frankreichs, die der Niederlage folgen wird, verhindert: Was Paris erleidet, ist individuell-einzigartig, eine Bestätigung seiner historischen Bedeutung. Nicht paradigmatisch für einen modernen Verfall.

Vergleichbar, zeitlich vorausgegangen in der Darstellung des preußischen Militärs und des preußischen Offiziers, sind einige Erzählungen Guy de Maupassants zwischen 1880 und 1890. Die beiden für das Thema besonders signifikanten, nämlich *Mademoiselle Fifi* (1882) und *Boule de suif* (1880), erschienen zehn Jahre nach dem Krieg. Letztere Novelle hat Zola in der Grabrede auf Maupassant am 9. Juli 1893, also kurz nach Erscheinen seines eigenen Romans *La debâcle*, als das vollkommene Werk eines frühen Meisters gepriesen, wie auch Flaubert unmittelbar nach der Lektüre 1882. Maupassant war im Unterschied zu Zola vor allem interessiert an der psychologischen Überraschung, der Entdeckung seines Spürsinns für das moralisch Paradoxe, aber auch an dem unheimlich-überraschenden Ereignis. Es geht ihm nicht nur um die »Gerüchte« von den Schandtaten der Preußen, sondern auch um die Selbstsucht und Feigheit des französischen Bourgeois,[21] die er mit der Courage und dem Opfermut einfacher Frauen – und seien es Prostituierte – konfrontiert. Natürlich geht dem die Rede vom Zusammenbruch eines »sieggewohnten Volkes« voraus, das trotz seiner »legendären Tapferkeit«[22] eine verhängnisvolle Niederlage erlitten habe, von der »unerträglichen, fremden Atmosphäre«, des »Geruchs der Invasion«[23], und die Rede von den »Barbarenhorden«.[24] Und von dem »Haß«,[25] von dem die Körper erstochener oder niedergetrampelter, »die Köpfe von Steinen zerschmetterter«[26] Leichen preußischer Soldaten zeugen.

Maupassant distanziert sich zwar von dem »Hass gegen den Fremden«, aber die sexuelle Nötigung der Prostituierten – wegen ihrer üppigen Formen »boule de soif', »Fettklößchen«, genannt – durch einen jungen preußischen Ortskommandanten ist der Anlass für die Geschichte vom moralischen Mut, von dem die französischen Bürger profitieren, den sie aber nicht anerkennen. Die selbstbewusste Prostituierte nennt die preußischen Einquartierten »dicke Tiere mit ihren Pickelhauben«,[27] denen sie an die Gurgel hätte gehen wollen. Als sie »diese Preußen« gesehen habe, hätte sie den ganzen Tag »vor Scham geweint«.[28] Nicht, weil sie täglich Männer in ihr Bett lässt!

Maupassant markiert solche Nuancen: Dazu gehört auch, dass der preußische Offizier, auf dessen Verlangen »Fettklößchen« schließlich eingeht, um die Weiterfahrt ihrer Reisegefährten zu ermöglichen, als »ein hochgewachsener, übertrieben schmaler und blonder junger Mensch« charakterisiert ist, der in eine »Uniform eingezwängt war wie ein Mädchen in ein Korsett«,[29] dem die Damen der Reisegesellschaft sogar nach vollbrachter Tat zugestehen, auf ihn wären alle Frauen geflogen, wenn er Franzose gewesen wäre. Er ist – wie niederträchtig auch – die harmlosere Version von Zolas Gardehauptmann, der das brennende Paris mit Hass und Verachtung beobachtet. Hierin liegt eine der Finessen Maupassants: Die Unterstellung, ein ganz normaler, durchaus attraktiver preußischer Offizier begehe solch eine Nötigung, setzt den Feind als Ganzes in das böse Licht des unehrenhaften, unzivilisierten Eroberers mit dem Recht des Stärkeren gegenüber hilflosen Unterworfenen. Es gibt keine Schilderung der sexuellen Situation zwischen Offizier und Heldin wider Willen, sondern die Schilderung der moralisch-psychologischen Überlegenheit einer Hure gegenüber den sie verachtenden Reisegefährten, die ihre Opferung letztlich als eine selbstverständliche, von einer Hure zu erwartende Handlung einschätzen.

Das Thema der französischen Rache und des Hasses bleibt angedeutet. Es ist ohnehin in nur wenigen von Mauspassants Hunderten von Erzählungen ausgeführt. So in dem Prosastück *Der alte Milon*, worin ein der preußischen Okkupation seiner Gegend überdrüssiger alter Bauer, der gefangen genommen seinen Vernehmern stolz und ruhig erzählt, bevor er erschossen wird, wie er, in eine preußische Uniform verkleidet, einsamen Soldaten auflauerte. Seinem letzten ahnungslosen Opfer schnitt er, sich diesem von hinten nähernd, mit der Sense den Kopf ab. In der Erzählung *Die alte Sauvage* lockt eine Bäuerin müde Soldaten auf ihren Speicher, den sie – scheinbar ihren erschöpften Gästen ein warmes Nachtlager bereitend – mit Strohballen bestückt. Nachdem sie die Tür zum Dachboden fest verschlossen hat, steckt sie das ganze Haus in Brand, und die erwachenden Soldaten, vergeblich um Hilfe rufend, verbrennen langsam, solange ihre Schreie es erkennen lassen, wobei die alte Bäuerin mit Hohn von den deutschen Witwen spricht. Auch hier wird ein sadistisches Element zum Kern der grausamen Rache an Preußen, das Zola in seinem Phantasma des Hasses zelebrieren wird.

Maupassants intensivste Darstellung der grausamen Tötung des preußischen Okkupanten findet in der Erzählung *Mademoiselle Fifi* (1882) statt, bei der Maupassant, ähnlich wie Zola, erkennbar emotional beteiligt ist. Die ironisch-karikaturhafte Charakteristik des Verhaltens und der äußeren Erscheinung adliger preußischer Offiziere in einem normannischen Schloss, dessen Besitzer offenbar sein Eigentum verlassen musste, ist die Vorbereitung zur Tötung des Anführers der jungen flegelhaften Männer durch eine der zum

Abendessen aus Rouen geholten jungen Dirnen. Der noch relativ sonor geschilderte Kommandant, ein hochgewachsener Major mit »blauen, kalten, ruhigen Augen«,[30] durchaus mit den Allüren des weltmännischen Herrn, mit vom Säbelhieb gespaltenen Wangen aus dem letzten Krieg, ein »tapferer« Mann also, malträtiert indes das Mobiliar des in Anspruch genommenen Schlosses, die Beschädigungen in Kauf nehmend oder diese gar nicht beachtend. Unter den als »Automaten« charakterisierten einfachen Soldaten erscheinen die jungen Offiziere einer wie der andere mehr oder weniger unkriegerisch, aber prätentiös, alle irgendwie mit einem lächerlichen Aussehen ausgestattet. Der aufdringlichste unter ihnen – auch er mit einer dünnen Taille ausgezeichnet – wird von seinem Kameraden wegen seiner besonders anmaßenden, aber auch koketten Allüre »Fräulein Fifi« genannt, was sich unmittelbar auf seine gelegentliche Nachahmung modischer französischer Ausrufe bezieht. Fräulein Fifis Zeitvertreib ist es, kostbare Kristallspiegel mit Pistolenkugeln zu durchlöchern, alte Gobelins mit dem Säbel zu zerfetzen, die Familienbilder des französischen Hausherrn zu verunstalten oder aber – das ist der gelegentliche Höhepunkt seines Vergnügens – altes Porzellan mit Pulver auszufüllen und es dann als sogenannte »Höllenmaschine« in die Luft zu sprengen, wobei weitere Kunstwerke zerstört werden. Der so Gekennzeichnete hat also nichts eigentlich Böses getan. Wahrscheinlich hat er während der Kämpfe Franzosen getötet. Aber eigentlich möchte man, wie Maupassant ihn schildert, ihm gerade solches gar nicht zutrauen.

Maupassant genügt die unzivilisierte, unerwachsene, aber nicht unaggressive und brutale Aufführung, um das Opfer der patriotischen Rache für diese angemessen vorzubereiten. Während des Essens mit fünf auf dem Schoß der Offiziere sitzenden Freudenmädchen – sie wurden jeweils auf diesen Platz mit Kommandostimme abkommandiert – kommt es zwischen den sich Küssenden und Essenden, obszöne Wörter Austauschenden zu einer auf eine Orgie wartenden Stimmung. Die Galanterie der betrunkenen Offiziere im Toast auf die Mädchen steigert sich zum Salut auf die Siege über Frankreich. Der heftige Wortwechsel zwischen den darob erzürnten Prostituierten und den im Trunk sich zu Besitzansprüchen auf alle französischen Frauen steigernden preußischen Junkerssöhnen endet im Eklat zwischen Leutnant Fifi und seiner Stundenbraut: Nachdem diese ihm erklärt hat, sie selbst sei »eine Hure und weiter brauchen die Preußen nichts«,[31] und der so Beleidigte mit einer mächtigen Ohrfeige antwortet, die er wiederholen will, kommt es zur zentralen Szene, um derentwillen die ganze Geschichte erzählt wird: »doch als er, außer sich vor Wut, nochmals die Hand erhob, ergriff sie ein auf dem Tisch liegendes kleines Dessertmesser mit silberner Klinge und stieß es ihm so jäh, dass zunächst keiner etwas merkte, in den Hals, genau in die Höhlung, wo die Brust anfängt. Das Wort, das er gerade aussprechen wollte, blieb ihm in der Kehle stecken; er saß mit aufgerissenem Mund und einem schrecklichen Blick da.«[32] Es gelingt den ob der Tat verwirrten, geschockten Militärs nicht, der aus dem Schloss fliehenden Täterin habhaft zu werden, obwohl zahlreiche Soldaten eingesetzt sind. Die Glocken, die der Kommandant den Dorfpfarrer zum zeremoniellen Begräbnis Leutnant Fifis zu läuten befiehlt, läuten die ganze Woche, nämlich zu Ehren der kühnen Mörderin.

Maupassant hat also schon vor Zola qua literarischem Einfall das getan, was er sich von der französischen Armee vergeblich erhoffte. Ob er dabei einen ihm zugetragenen wirklichen Vorfall erzählt, ändert an dem an einer letztlich unheimlichen Überraschung interessierten Stil nichts, der mit Zola nur Ähnlichkeit in den physiologisch-körperlichen Detaildarstellungen hat. Das Messer im Hals des Preußen ist ein literarisches Messer, eingesetzt zum Zweck, die Hoheit des geschlagenen Frankreichs selbst in Gestalt einer Prostituierten über die Niedrigkeit des siegreichen Gegners zu zelebrieren, gerade wenn es preußische Adlige sind.

Inwiefern die Darstellung einer Tötung des unzivilisierten Preußen einem Interesse an einer besonderen, zuweilen grotesken Geschichte folgt, zeigt sich besonders in der Erzählung *Ein Duell* (1883), in der ein extrem arroganter preußischer Offizier von einem französischen Bürger um ein Haar langsam erdrosselt, dann im vereinbarten Duell wider Erwarten erschossen wird. Das Verhalten des Preußen, mit flammend rotem Haar äußerlich beeindruckend, ist indes so unwahrscheinlich, um des Effekts willen ausgedacht, so dass der Szene zwei zuschauende englische Touristen entsprechen, deren lächerliche neugierige Ausrufe zu dem Panorama einer Groteske das Ihrige beitragen. Ähnlich die groteske Ermordung eines tumben preußischen Soldaten – wenngleich die äußeren Fakten dem Abmetzeln Goliaths gleichkommen: Er wird von dem Witzbold, bei dem er einquartiert ist, zu dessen »Schwein« erkoren, unter dessen Namen er auch im Dorf begrüßt wird, ohne dass der Soldat das französische Wort »cochon« verstünde. Am Ende wird er auf dem Misthaufen mit einer Mistgabel so lange durchstochen, bis er tot ist. Das Ganze erzählt, als handele es sich um eine der vielen komischen Geschichten aus der normannischen Provinz.

Das eröffnet den Blick darauf, wie Maupassant die Thematik der Rache an Preußen durch französische Zivilisten verschmilzt mit dem Leitmotiv des Unerwarteten, Seltsamen, Unheimlichen, Komischen und eben auch Grotesken. Während Zola seinem Interesse an der atavistischen physischen Gewaltexplosion folgt, folgt Maupassant dem Interesse für die unerhörte Begebenheit in einem eigentlich konventionellen Zusammenhang. In diesem Sinne sind der »alte Milon«, die »alte Sauvage« und der Witzbold Verwandte von Maupassants zahlreichen abnormen Gestalten, deren Verhalten oder Aussehen irritiert, verschreckt.

Maupassants Motiv des Preußen gehört nicht mehr zum Krieg, sondern zur Provinz der Besatzungszeit. Die dem rotflammig behaarten Offizier in den Mund gelegte Rede, er hätte am liebsten Paris niedergebrannt und alle Menschen getötet, wirkt im Unterschied zu Zolas Gardehauptmann vor der Metropole wie das Klischee einer Karikatur. Umso mehr tritt die Darstellung des Hasses, wenn der Stil nichts Exotisches sucht, mit aller Intensität hervor.

Das Wort »Hass« (»la haine«) taucht zwar wörtlich nur einmal in den Erzählungen Maupassants auf, aber die Diktion der Beschreibung genannter Tötungen zielt eben auf diese Emotion. Zolas Charakteristik der Schlachtung Goliaths und Maupassants Charakteristik der Erstechung Fräulein Fifis geben dem Hass, den beide Dichter und viele Franzosen im Jahr 1870 empfanden, eine über dieses Datum hinausgehende Ausstrahlung, sowohl im Sinne einer interkontextuellen Fortwirkung als auch im Sinne der eingangs betonten imaginativen Vergegenwärtigung, die etwas anderes ist als ein historisches Dokument. Die Differenz Maupassants zu Zolas Herausbrechenlassen des Hasses aus der menschlichen Natur oder besser noch: aus seiner Physis, macht Maupassants Schilderungen von meist auch erschreckenden Formen des Tötungspakts noch mehr zum literarischen Einfall, dem häufig etwas gesucht Fantastisches anhaftet. Oder: Zeigt sich in Zolas Stil die Konzentration auf eine immer gleiche Gewaltnatur des Menschen, so an Maupassants Stil die Konzentration auf den überraschenden, unbekannten Charakter der Menschen.

Die interkontextuelle Fortwirkung des Preußen-Motivs lässt sich sogar an dem französischen Roman der Jahrhundertwende erkennen, der eigentlich die Utopie einer französisch-deutschen Union thematisiert: Romain Rollands berühmter, zwischen 1904 und 1910 erschienener mehrbändiger Roman *Jean Christophe*. Er zeigt zwar einen deutschen Helden als genialen Komponisten in seiner Freundschaft mit einem Pariser Schriftsteller. Die Pointe in unserem Zusammenhang aber ist, dass der Romanheld, der deutsche Komponist, aus dem Rheinland stammt und nach einer Wirtshausschlägerei mit äußerst brutal gezeichneten preußischen Soldaten nach Frankreich fliehen muss, weil einer der Soldaten bei dem Zusammenstoß tödlich verletzt wurde. Selbst der Erfinder einer deutsch-französischen Union kommt also ohne die Hass-Figur des Preußen kurz vor Ausbruch des Ersten Weltkriegs nicht aus, auch wenn das Rheinland seit 1814 eine preußische Provinz gewesen ist und die rheinische Bourgeoisie keineswegs durch die Bank antipreußisch dachte, was sie nach dem Zweiten Weltkrieg gerne behauptete.

3.

Beim dritten Paradigma für die Hass-Thematik 1870/71 beziehungsweise 1892, Gustave Flauberts Briefen, zeigt sich – dem anderen literarischen Genre entsprechend – eine Überschneidung von erzählter und diskursiver Hass-Rede, wobei Letztere überwiegt. Dabei wird das kulturkritische Moment, das sich in Zolas und Maupassants Texten andeutet, definitiv deutlich, sowohl auf Frankreich wie auf Deutschland bezogen. Der Briefstil Flauberts überbietet eine bloß private Mitteilungsform in seiner emotionalen Intensität. Die aggressive Berufung auf den Hass der Deutschen gegen Frankreich in einem Brief vom 23. Oktober 1870 an die Prinzessin Mathilde ist hierfür der geeignetste Introitus: »Wie man uns hasst! und wie uns diese Kannibalen beneiden! Wissen Sie, dass sie Vergnügen daran finden, Kunstwerke und Luxusgegenstände zu zerstören, wenn sie auf welche stoßen. Ihr Traum ist, Paris auszulöschen, weil Paris schön ist.«[33] Diese an die einen literarischen Salon führende Nichte Napoleons I. geschickten Anwürfe enthalten zwei der Charakteristika der den Preußen unterstellten Barbarei, die sowohl in Zolas Roman als auch in der Erzählung Maupassants szenisch dargestellt werden. Flauberts Anrufung des deutschen Hasses enthält aber schon den Ausdruck des eigenen Hasses anlässlich des Verhaltens der eigenen Landsleute, angesichts der Herabwürdigung Frankreichs, für welche das Wort »Ehre« keine Rolle mehr spiele. So im Brief vom 1. Februar 1871, also nach der deutschen, wenn auch kurzen Besetzung von Paris, an die Nichte: »Oh, welch ein Hass, welch ein Hass! Er erstickt mich! Ich, der ich so sanftmütig geboren war, fühle die Galle bis in meine Kehle aufsteigen.«[34] Ob sich der Hass gegen die Franzosen in ihrer angeblichen Schande richtet oder gegen die Deutschen, die diese Schande über das Land gebracht haben, bleibt ambivalent. Es ist ein doppelter Hass: »Jedoch liegen mir die Doktoren der Geisteswissenschaften im Magen, die Spiegel mit Pistolenschüssen zertrümmern und Standuhren stehlen; das ist etwas Neues in der Geschichte! Ich habe gegen diese Herren einen solchen tiefen Groll behalten, dass Du mich nie in der Gesellschaft eines Deutschen sehen wirst, wer er auch sei, und ich nehme es Dir ein bisschen übel, dass Du jetzt in ihrem schändlichen Land weilst. Warum das? Wann kommt Du zurück?«,[35] so im Brief an den Freund, den Romancier Ernest Feydeau, vom 19. Juni 1871, also beinahe ein Jahr nach dem Beginn des Krieges, der inzwischen schon seit Monaten zu Ende ist. Ähnlich an die Freundin Madame Schlesinger, die ebenfalls in Deutschland weilt, zwei Monate zuvor: »Was einen Besuch bei Ihnen in Deutschland angeht, so ist das ein Land, das ich freiwillig nie betreten werde. Ich habe in diesem Jahr genug Deutsche gesehen, um zu wünschen, keinem wieder zu begegnen, und ich halte es nicht für zulässig, dass sich ein Franzose, der sich selbst achtet, nur eine Minute in Gesellschaft dieser Herren aufhält, so reizend sie auch sein mögen.«[36]

Der letzte Satz ist eine Anspielung darauf, sich gerne mit dem Sieger zu arrangieren, nachdem die ursprünglich immer wieder aufflackernde eigene Siegeshoffnung verflogen war. Auch diese verfällt Flauberts negativem Urteil über den Charakter seiner Landsleute, besonders der Pariser. An die Freundin George Sand heißt es am 20. Juli 1870, einen Tag nach der französischen Kriegerklärung an Preußen, über die »Dummheit« der Pariser sarkastisch, der »gute Franzose« wolle kämpfen, weil er sich von Preußen herausgefordert fühle, dass dazu aber gar kein objektiver Grund bestehe, außer der »Wildheit«, dem »natürlichen Zustand der Menschheit«, und weil der Krieg ein »mystisches Element« enthalte.[37] Der Begriff »Rassenkriege« fällt: als Verdikt über das bevorstehende allgemeine Gemetzel, ein Gedanke, der im Brief an George Sand von 3. August 1870 wiederholt wird, wobei Flaubert nicht wie Taine und Daudet nur auf kulturhistorisch-geografische und psychologische Differenz aus ist, sondern den Krieg aller Völker gegeneinander meint. Das Wort »Rasse« hat wie zwanzig Jahre später bei Zola den odiösen Klang angenommen.

Und am 17. August 1870 wieder an George Sand, nachdem Flaubert es nur zwei Tage in Paris ausgehalten hatte, um sofort in sein normannisches Haus zurückzufahren: »Ich kenne jetzt das innerste Wesen des Parisers (…) Welche Dummheit! Welche Unwissenheit! Welche Anmaßung! Meine Landsleute machen mir Lust, mich zu übergeben (…) Vielleicht verdient dieses Volk gezüchtigt zu werden, und ich befürchte, dass es das wird.«[38] Hier taucht schon das Motiv auf, das Zola dem preußischen Gardehauptmann angesichts des Brands von Paris in den Sinn kommen lässt. Der Preußisch-Französische Krieg wird – wie noch deutlicher werden soll – zu einer kulturkritischen französischen Selbstdiagnose. Flaubert benutzt abermals das Wort »Dummheit« (»bêtise«) anlässlich der Pariser Illusion, bald zu siegen, trotz der gerade erlittenen Niederlagen in Elsass-Lothringen. Es ist der von ihm schon etablierte Begriff, mit dem er seit den fünfziger Jahren die französische Kultur, die Mentalität von Unterhaltung und Literatur in seinen Briefen geißelt. Sein radikales Urteil über das französische Kriterium des »guten Stils« lautet seitdem: Es »verkleide« die Poesie nur, es sei eine Poetisierung aus falscher, oberflächlicher Gefühligkeit. Dem entspricht die ätzende Charakterisierung der literarischen Publikumslieblinge, vom romantischen Lyriker Alphonse de Lamartine bis zum Liederdichter Pierre-Jean de Béranger. Dass deren unterschiedliche Rhetorik mehr Bewunderung in Frankreich hervorrufe als »Shakespeare, Goethe und Byron«, sei ein Beleg hierfür. Bezeichnend sei auch die banale Übersetzung von Hamlets komplexer »Sein oder Nichtsein«-Rede durch Voltaire. Es ist kein bloß divergierendes persönliches Geschmacksurteil, es ist eine vom künstlerischen Bewusstsein geleitete profunde Kulturkritik an Frankreich, die so weit geht, dass Flaubert schon im Brief vom 25./26. Juni 1853 an seine damalige Geliebte, die Schriftstellerin Louise Colet, erklärt: »Unglücklicherweise ist der französische Geist so auf Unterhaltung versessen! Er braucht unbedingt auffallende Dinge. Ihm gefällt gerade das so wenig, was für mich die Poesie selbst ist, nämlich die Explosion (…) Nicht erst seit heute leide ich darunter, dass ich in dieser Sprache schreibe und denke! Im Grunde bin ich ein Deutscher (…).«[39] Hätte er diesen Satz zwanzig Jahre später gedacht, geschweige geschrieben?

Flauberts ambivalente Reaktion, angesichts der preußischen Siege und ihrer Eroberung der Hauptstadt, den Hass für Sieger und Besiegte zu gleichen Teilen auszudrücken, hat also ein abgründiges Motiv, das über den verborgenen Patriotismus hinausgeht. Wenn er am 30. September 1855 an den engen Freund Louis Bouilhet schrieb: »Ich empfinde gegen die Dummheit meiner Epoche Hassfluten, die mich ersticken. Es steigt in mir Sch… in den Mund wie bei einem verklemmten Bruch«,[40] dann benutzt er schon die beiden Kernwörter seiner späteren Kriegsbriefe. Der Krieg hat also – abgesehen von der »Barbarei« der Preußen – die von ihm seit Langem als Oberflächlichkeit diagnostizierte französische Zivilisation abermals offengelegt.

Wie selbstverständlich das Wort »Hass« von Flaubert ins Spiel beziehungsweise ins Argument gehoben wird, lässt auf die schon etablierte politische und intellektuelle Signifikanz des Wortes, jenseits der privaten Charakteristik, schließen. Diese hat sich durch die seit der Großen Revolution entstandene scharfe Spaltung der französischen Öffentlichkeit herausgebildet, deren letzter Ausbruch zur Zeit Flauberts der mörderische Bürgerkrieg zwischen der Pariser Kommune und dem Bürgertum beziehungsweise seiner Armee war. In der französischen Literatur des ausgehenden 19. und frühen

20. Jahrhunderts taucht das Wort »Hass« für die politisch verfeindeten Parteien beispielhaft auf: So im Roman der Großen Revolution von Anatole France: *Die Götter dürsten* (*Les Dieux ont soif*, 1912), in dem der Hass eines begabten jungen Malers als Erklärung seiner mörderischen Sympathie für die Guillotine geschildert wird. So ebenfalls in Romain Rollands pazifistischem Roman *Clérambault. Geschichte eines freien Gewissens im Kriege* (1920), in dem der Hass des französischen Nationalismus gegen jeden Andersdenkenden in einer inflationär zur Sprache gebrachten Form des Wortes »Hass« vorgeführt wird. Das Wort »Hass« ist also nicht bloß eine psychologisierende Bezeichnung der Zola und Flaubert, sondern wird im politischen Vokabular in Nachfolge der Ersten Republik zu einem Terminus technicus der radikalen Feindschaft. Das Wort »la haine« ist schon vor den sechziger Jahren des 19. Jahrhunderts als Ausdruck für die Haltung gegenüber dem politischen Gegner nobilitiert, eine semantische Signifikanz, die einer eigenen, besonderen Thematisierung bedarf: als Geste der Herausforderung im agonaler werdenden politischen Streit.

Möglicherweise wurde Flaubert in seiner ambivalenten Hass-Rede bestärkt durch das, was er von den Diskussionen der Pariser Literaten während des Krieges hörte, von denen Edmond Goncourts Tagebücher berichten, Treffen, an denen Flaubert selbst selten teilnahm. Goncourt hat für den 21. August 1870 notiert, dass »Hass« auf die Deutschen in seinem »Herzen« aufsteige,[41] so wie er im Jahr darauf, am 1. April 1871, von der »feigen Unterwerfung unter ehrenrührige Bedingungen« des Friedensvertrages schreibt, von einer »annähernden Freundschaftlichkeit gegenüber den Preußen« und am 12. April 1871 von der »Erbitterung« im Bürgerkrieg, »der die Preußen nicht begegnet« seien. Goncourts Hass-Bekenntnis findet einschlägige Metaphern in der Notiz vom 6. September 1870, wo es über die »preußische Unzivilisiertheit« heißt, sie habe »Genserich«, den König der Vandalen, »wieder aufleben« lassen, eine Pointe, der er folgende Bemerkung des bei den Literatentreffen oft anwesenden Religionsphilosophen Ernest Renan beifügt: »Die Deutschen kennen keine Genüsse, ihren größten Genuss finden sie im Hass, in dem Gedanken und der Ausübung des Hasses.« Die Wertungsmotive der Prosa von Zola und Maupassant liegen also nachdrücklich vorbereitet. Umso deutlicher jetzt, wie die diskursive Rede – ins Erzählerische verschoben – erst die Hass-Motivik zum Glänzen bringt.

Renan erinnerte allerdings gleichzeitig an die Vorgeschichte des von ihm so betonten deutschen Hasses, nämlich die Verwüstungen der Pfalz, die Zerstörung des Heidelberger Schlosses, also eben an die französischen Besetzungen und Verwüstungen deutscher Territorien und Besitztümer, die von Zolas und Maupassants Darstellungen des preußischen Eindringens in Frankreich endgültig überdeckt werden würden, die Daudet seinen südfranzösischen Helden dagegen stolz erinnern lässt. Renan hatte, so Goncourts Notiz, aber schließlich von einer ganz anderen Seite der Deutschen gesprochen, die ihre militärische Überlegenheit erkläre, das ein besonderes Thema der Pariser Literatentreffen werden sollte: »Bei allem, was ich untersucht habe, war ich immer frappiert von der Überlegenheit der deutschen Intelligenz und der deutschen Arbeit. Es ist nicht verwunderlich, dass sie in der Kriegskunst, die minderwertig, ja schwierig, aber doch eine Kunst ist, diese Überlegenheit erreicht haben, die ich in allem feststelle … ja, die Deutschen sind eine höhere Rasse.«[42] Dieser von Goncourt zitierte Satz Renans enthält einen abrupten Bruch mit dem konventionellen Selbstverständnis der Pariser Zivilisationsidee. Dieser Bruch ist schon vorbereitet: Wie Flaubert sprach auch Renan von einer Verdummung der Menschen in Frankreich, die er dem Katholizismus anlastet, der im Unterschied zum Protestantismus eine moderne Erziehung verunmögliche.

Flaubert hat nach dem Krieg Renans Kritik an der intellektuellen Schwäche des französischen Schul- und Universitätsunterrichts gegenüber der preußischen Erziehung beifällig kommentiert und Renan als den »einzigen Menschen« bezeichnet, der während des Krieges den »Verstand behalten« hätte.[43] Nach 1871 ist das Thema Deutschland und Preußen in Flauberts Briefen verschwunden. Kein Wort mehr darüber, auch nicht an den bewunderten Freund Turgenjew, bei dem dies anlässlich der ambivalenten deutsch-russischen Beziehungen nahegelegen hätte. Stattdessen wieder die kulturkritische Thematik, die Kritik am »geistigen Zustand Frankreichs«[44], das ihm wie ein »verfaultes Schiff« vorkomme.[45] Wenn Flaubert dann von Kant und Hegel als den »beiden großen Männern« spricht, die ihn »immer noch bis zur Erschöpfung« anstrengten, dann klingt das auch an die Adresse des von ihm verachteten französischen Geistes gesprochen, nachdem er die in die Normandie eingedrungenen Preußen zweideutig als »Hegels Landsleute« bezeichnet hatte.[46] Diese werden nicht mehr erwähnt, aber die deutsche Philosophie wird weiterhin nachdrücklich entdeckt, ja zu einem Kriterium des modernen Geistes erhoben.

Auch in Hippolyte Taines schon erwähntem Werk *Les origines de la France contemporaire*, dessen erste Bände nur wenige Jahre nach dem Krieg erschienen, ist zu lesen, dass die französische Neigung zur Rhetorik, ihre unhistorische Systematik, ein prinzipielles Verfehlen der komplexen Phänomenalität der Welt bedeute. Auch das ist eine revolutionäre

Distanzierung von der französischen Denktradition, die eine entdeckerische Neugier für die deutsche impliziert. Goncourt scheint die Kritik Renans für relevant gehalten zu haben, denn er berichtet am 9. November 1870 auch von der Polemik eines elsässischen Außenseiters der Gesprächsrunde, der das Unheil der katholischen Erziehung auf den Satz pointiert: »Was Frankreich heute umbringt, ist die Bartholomäusnacht.« Wie Goncourt von dem Elsässer spricht, gibt er den Eindruck, als schlösse er sich der widersprüchlichen negativen wie positiven Charakteristik der Deutschen durch Renan an: »aus dieser widerspenstigen wie in Rülpsern hervorbrechenden Rede kommen in der Dunkelheit Beobachtungen voller Tiefe, Ironie, beinahe geniale Wahnsinnigkeiten.«

Der Hass-Rhetorik Flauberts, Renans und Goncourts entspringt also gleichzeitig eine neuartige intellektuelle Wahrnehmung des deutsches Feindes, die Elemente von Madame de Staëls Buch *De l'Allemagne* wieder erinnert, aber diese spezifisch aktualisiert zu einem modernen existentiellen Argument. Einerseits der Bruch zu de Staëls 1813 in London erstmalig erschienenem Buch, in dem zwei wesentliche Charakteristika der Deutschen in ihr Gegenteil verkehrt erscheinen: Zum einen sah Staël die Deutschen – in Vielstaaterei verharrend – von einem unpolitischen, unkriegerischen Geist geprägt. Zum anderen aber sei Gerechtigkeit, Ehrlichkeit, Abscheu vor der Lüge ihr wesentlicher Charakterzug, ein in Staëls Sicht offenbar entscheidender Unterschied zum französischen Zivilisationsverständnis. Andererseits die Variante zu de Staëls Einschätzung der intellektuellen Originalität der Deutschen: »Nur bei den Deutschen musste eine durch Ideen bewirkte Revolution stattfinden; denn der hervorspringende Zug dieser kontemplativen Nation ist die Stärke der innern Überzeugung.«[47] Daher – unabgelenkt von politischem Weltinteresse – seien sie durch eine grandiose spirituelle Motivation ausgezeichnet, einem schrankenlosen »Geist«, der zu ihrem beschränkten Charakter im Widerspruch stehe.[48] Im Brief an den Vater heißt es dazu: »Welch ein merkwürdiges Volk sind diese Deutschen, die auf freundlichste Art der Welt eine fabelhafte Imagination besitzen. Sie sind nicht empfindsam wie die Engländer, haben nicht die Anmut der Franzosen, keine Gefühle wie die Italiener, sondern erschaffen sich eine Idealwelt, in welcher sie völlig neuartige Gedankenentwürfe entfalten, indes der Weg. um dorthin zu gelangen, ist mir unbekannt.«[49]

Diese etwas vage Umschreibung der idealistischen Transzendentalphilosophie der Kant, Schelling, Hegel und Fichte, die in Staëls *Deutschland*-Buch detailliert ausgeführt wird, hat Heinrich Heine, der sie wegen ihrer Napoleon-Feindschaft ohnehin nicht mochte, als vordergründig ironisiert und dagegen die Wirklichkeitskraft des deutschen Idealismus emphatisiert, der bald die Völker Europas vor seine Kampfarena versammeln werde, gegen die sich die Französische Revolution wie eine »harmlose Idylle« ausnehmen würde.[50] In der Tat, was Heines nach Paris emigrierter deutscher Patriotismus Mitte der dreißiger Jahre ins Erhabene rückt, nämlich den Satz von Staël, Preußen und die nördlichen Länder Deutschlands bildeten »das Vaterland des Denkens«,[51] im Anspruch noch steigernd, das hat im endgültigen Urteil Edmond Goncourts 1871 eine finstere Konsequenz bekommen: »Stärke vor Recht, diese preußische Formel des modernen Rechts, bei voll entwickelter Zivilisation proklamiert von dem Volk, das behauptet, im wahrsten Sinne des Wortes zivilisiert zu sein, diese Formel kommt mir oft in den Sinn.« Wie ist es möglich, fragt Goncourt, dass sich nicht alle Geister gegen den blasphemischen Bismarck'schen Satz wider die antike

Philosophie und das Christentum erhoben haben. Goncourt ruft also das normative Argument einer humanistischen Tradition gegen eine quasi politische Existentialisierung des Rechts avant la lettre auf, die nach Bismarck von deutschen Dichtern und Denkern wie Thomas Mann in dem Essay *Friedrich und die große Koalition* oder Carl Schmitt im Begriff des »Feindes« dann in Stellung gebracht wurden. Goncourts Aufruf gegen einen »barbarischen«, »darwinistischen« Codex ist schon die mit dem Versailler Friedensvertrag von 1918 besiegelte europäische Sicht auf Deutschland in der ersten Hälfte des 20. Jahrhunderts. Damit könnte Staëls Rede von der deutschen »Stärke der inneren Überzeugung« – nach Staël die Quelle ihrer ihnen genuinen »Gerechtigkeit« – entlarvt werden als Selbstgerechtigkeit und somit als das ganz Andere, dem die Hass-Rede Zolas und Maupassants gelten.

Wie Goncourt sich ein Jahr nach Ausbruch des Kriegs während seiner Reise nach Bayern zur äußeren Erscheinung der einfachen Landbevölkerung ausließ, belegt, dass sich das Urteil über den deutschen Zivilisationsbruch anthropologisch-fundamentalistisch bei ihm verschärfte: »Die Frau hier scheint eine Ausschussware von Frau zu sein, eine Kreatur mit unbehauenem, embryonären dunklen Gesicht, ein Entwurf von Natur, dem der Schöpfer nicht den letzten Schliff gegeben hatte. Man weiß nicht, ob man es mit Männern oder Frauen zu tun hat, die aus Sparsamkeit Männerkleidung tragen und ihr Geschlecht nur durch die Größe eines in Hosen anormalen Hintern verraten.« Und über die Männer in einer Messe der Kirche am Schliersee: »rötliche Männerprofile mit barbarisch mystischen Zügen«. Diese am 6. August 1871 gemachten Notizen zeigen einen Willen zur buchstäblichen Ausgrenzung aus der »Menschheit«, die während des Ersten Weltkriegs, so Prousts selbstkritisches Urteil im letzten Buch von *A la recherche du temps perdu* (1913–1925), von den Franzosen endgültig vollzogen worden ist. Proust hatte dort seinen eigenen, immer wieder aufflammenden Hass als unangemessenen angesichts des wahren Charakters der Deutschen bezeichnet, weshalb er ihr Militär schließlich sogar mit einer heroischen Metaphorik umgab.

Der 1957 erschienene Roman *L'Homme de Guerre* von François Ponthier sei als letztes Beispiel für diese paradox erscheinende Würdigung des preußisch-deutschen Offiziers genannt. Bei der komplexen Erklärung hierfür sticht ein Motiv heraus: Nach der im Unterschied zur englischen Reaktion demütigenden Widerstandslosigkeit der französischen Armee im Sommer 1940 galt es, das in Frankreich so lange verehrte soldatische Prinzip hochzuhalten, selbst im Blick auf den siegreichen Feind. Ohnehin ist es ein französischer Offizier der Algerien-Armee, der durch Härte und Kühnheit in Pointiers Roman dem deutschen Gegner (und schließlich Freund) gleichgesetzt wird. Es hat dreier Kriege bedurft, dass eine solche Affinität literarisches Thema wurde. Zolas, Maupassants, Flauberts und Goncourts Einlassungen zum ersten Krieg (1870/71) sorgten für den lange andauernden Hass.

Ist die diskursive Hass-Rede der Goncourts, Renans und Flauberts heute historisch verjährt? Es scheint so. Die literarische Erinnerung Zolas und Maupassants ist es nicht, denn sie hält das vergangene Bewusstsein für das gegenwärtige durch ihre intensiven Motive fest. Das bestätigt auch die unterschiedliche Wirkung der zahlreichen französischen Romane über den Ersten Weltkrieg: Dort, wo der Hass vor allem seinen ideologischen Ausdruck bekommt, so in Léon Bloys 1917 erschienenem Buch *Dans les ténèbres*, das der erzählerischen Intensität Zolas und Maupassants, aber selbst der Erzählkraft seines Zeitgenossen Henri Barbusse (*Le feu*,

1917) entbehrt und seinen Hass sozusagen als Katechismus jedem patriotischen Franzosen empfiehlt, da verfällt er dem historischen Vergessen. Er bleibt dann nur Datum der historischen Forschung. Aber wer weiß? Es gibt neuerdings wieder Hass-Erklärungen in der französischen Publizistik.

Poetische Erinnerung und der Krieg

Am 6. August 1914, eine Woche nach der Kriegserklärung Österreich-Ungarns an Serbien, dem die Kriegserklärung Deutschlands an Russland und Frankreich gefolgt war, notierte Franz Kafka in seinem Tagebuch: »Von der Literatur aus gesehen ist mein Schicksal sehr einfach. Der Sinn für die Darstellung meines traumhaft innern Lebens hat alles andere ins Nebensächliche gerückt. Und es ist in einer schrecklichen Weise verkümmert und hört nicht auf zu verkümmern« (*Tagebuch 1910–1923*).[1] Im Blick auf Kafkas Aufzeichnungen und Briefe zwischen 1914 und 1918 wird deutlich, dass die Darstellung dessen, was er sein »traumhaft inneres Leben« nennt, die Darstellung des äußeren Lebens, nicht zuletzt der Kriegsereignisse, auf ein Minimum beschränkte. Die zitierte Eintragung spricht am Ende über den Tod, die »ewigen Qualen des Sterbens«. Diese Worte, die schon im Herbst 1914 für die Erfahrungen der jungen Männer Europas vielsprechend waren, sind in Kafkas Text auf das eigene »traumhaft innere Leben« bezogen. Lässt sich diese Differenz von Innerem und Äußerem paradigmatisch für Schriftsteller, genauer: für Literatur, verstehen? Jedenfalls in Hinsicht auch auf Prousts distanzierte Einlassungen zum Ersten Weltkrieg in seinen Briefen, aber auch im letzten Band von *À la recherche du temps perdu*? Oder – um den Sinn von Kafkas Sätzen unabhängig von Prousts paradigmatisch zu verstehen – ist es nicht so, dass sich die poetische Erinnerung, eben das traumhaft innere Leben, prinzipiell vom historischen Gedächtnis unterscheidet?

Bevor ich zu dieser zentralen Frage meiner Ausführungen komme, sei die politisch-historische Voraussetzung des Blicks auf den Krieg bei französischen Schriftstellern unabhängig von der literarischen Darstellungsform genannt: Dieser Blick war a priori geprägt von der Erfahrung des Preußisch-Französischen Kriegs von 1870/71. Die katastrophische Niederlage der französischen Armee hatte eine kulturdiagnostische Diskussion über den deutschen Gegner hervorgerufen, in der die bisher vorherrschende, sozusagen de Staël'sche Perspektive über Nacht verschwand: nämlich auf Deutschland als ein politisch und militärisch nicht ambitioniertes Land, dessen in der Provinz lebende Dichter und Denker das allein Erwähnenswerte seien. Es war ein harmloses Deutschland ohne das Preußen Friedrichs des Großen, Scharnhorsts oder Blüchers. Stattdessen nun das alarmierende Bild einer technokratisch-ökonomisch avancierten, machtpolitisch ehrgeizigen Nation mit Preußen als ihrem Zentrum. Aus den Tagebüchern der Brüder Goncourt lassen sich einschlägige Diskussionen innerhalb der Pariser Intelligenz über die Relevanz der neuen deutschen Modernität ablesen. Besonders die Reaktion des einflussreichen Religionsphilosophen Ernest Renan ist hervorzuheben, der den preußisch-deutschen Sieg nicht bloß als Ausdruck brutaler Machtmaschinerie verstand, sondern eine intellektuelle Substanz entdeckte, die ihn beunruhigte und die seine Confrères ernst nehmen sollten.

Bei der Mehrheit der französischen Schriftsteller setzte sich indes ein äußerst negatives Bild des auch in Zukunft potentiellen Gegners fest, wofür die Erzählungen Maupassants charakteristisch wurden. Romain Rollands andererseits romantisierende Darstellung eines deutschen Komponisten als Helden des enorm populären Romans *Jean Christophe* war eine kulturelle deutsch-französische Utopie angesichts der drohenden Zeichen einer bevorstehenden Katastrophe. Demgegenüber scheinen die Vorkriegs- und Kriegsnotizen von Apollinaire, dem Anreger des Pariser Surrealismus, der 1919 an seiner Kriegsverwundung starb, aber charakteristischer für das französische Bild des deutschen Gegners zu sein. Die Pointe ist dabei Apollinaires Argument des Stils einer zivilisatorisch und literarisch für selbstverständlich genommenen französischen Superiorität, die er besonders in seinen kulturkritischen Schriften hervorhebt.[2] Dabei hatte er in der *Rhenanes* betitelten Gruppe von Gedichten eine von Clemens Brentano angeregte Rhein-Mythologie mit symbolistischer Metaphorik verknüpft. Seine Ironisierung des deutschen kulturellen Anspruchs beruhte auf der spezifischen Kenntnis deutscher Kulturdebatten, nicht zuletzt der emphatischen Vereinigungsrhetorik, die ihm politisch die Naivität einer zu spät gekommenen Nation zu sein schien.

Vor solcher Thematisierung des Krieges beziehungsweise des Kriegsgegners fällt in Prousts Briefen eine markante Enthaltsamkeit auf. Die Wahrnehmung des Themas entspricht wohl einer kalkulierten Haltung, die Prousts spezifischer, am jeweiligen Adressaten orientierten Briefrhetorik entspricht, bei der jedenfalls nicht die existentielle oder historisch-politische Identifikation mit dem Krieg gegen Deutschland zu erkennen ist wie in Apollinaires Texten vor und nach 1914 oder Flauberts Briefen nach 1870/71. Dennoch hat Proust der Krieg und sein Verlauf, wie ein Brief vom März 1915 zeigt, nachdrücklich beschäftigt, und er hat die Nachrichten darüber phasenhaft täglich verfolgt. Die wenigen Hinweise, die auf Prousts persönliche Einstellung und Wertung in den Briefen zwischen 1914 und 1918 schließen lassen, zeigen aber auch eine ideologiekritische oder mentalitätsdiagnostische Distanz gegenüber dem polemischen Vokabular wie auch im letzten Buch der *Recherche* deutlich wird. Wörter wie »Boche« oder »ihre Kultur« werden als »Gerede« bezeichnet, die Polarisierung von Deutschland und »Zivilisation«, wie sie Joséphin Péladan in seinem Buch *L'Allemagne devant l'humanité et le devoir des civilisés* (1916) entfalten wird, sind in Frage gestellt. Proust bekennt sich zu Richard Wagners Musik – *Tristan* und *Der Ring* werden hervorgehoben – und kommentiert kritisch deren Tabuisierung aus patriotischen Gründen. Selbst zum Kult der französischen Kriegsgefallenen aus höheren Kreisen hält er ironische Distanz.

Angesichts der witzigen und historisch erkenntnisreichen Kritik Apollinaires am Stil des deutschen kulturellen Nationalismus entspricht Prousts Zurückhaltung in den Briefen wohl seiner von Tradition geprägten Intellektualität: der Ironie gegenüber Meinungssachen. Das einzige Mal, wo Proust in seinen Briefen von dem Krieg selbst spricht, nämlich am Beispiel deutscher Flugzeuge über Paris, beschreibt er sie in einer ästhetisch misszuverstehenden Perspektive, auf die ich zum Abschluss anlässlich der Kriegsreflexion in *Le temps retrouvé* eingehen werde. Die Abwesenheit des massenhaften Sterbens aber ist indessen mit einem Umstand zu erklären, der die einleitende Frage nach dem paradigmatischen Charakter von Kafkas Schweigen betrifft: Auch Proust denkt den Tod als die eigene (und allen) zugängliche existentielle Bedrohung, die nicht exklusiv dem Krieg zugeordnet werden kann: »… dass der Tod unsere einzige Hoffnung ist und uns den Mut gibt, bis zum Abend auf Wanderschaft zu bleiben« (Brief an André Gide vom 21. November 1918).

Wie stellt sich nun aber der Krieg selbst in der literarischen Tradition dar, jenseits politischer Urteile und kultureller Meinungen? Der Krieg war, bevor er durch den Ersten Weltkrieg moralisch, psychologisch und politisch gebrandmarkt wurde, ein zentrales Thema der literarischen Fantasie von den Anfängen an: als ein besonderer Modus, der im Begriff poetischer Erinnerung von historischem Gedächtnis unterscheidbar ist. Diese Unterscheidung ist am Unterschied von Victor Hugos Gedicht *A l'arc de triomphe* als vollendetes Gedächtnisdenkmal einerseits und Baudelaires Gedicht *Le cygne* als reflexive Zersetzung des historischen Gedächtnisses andererseits von Barbara Vinken deutlich gemacht worden.[3]

Ebenso ist das auch im realistischen Roman immer anwesende Imaginäre hervorzuheben, das Rainer Warning im Anschluss an Bachtins Werk *Formen der Zeit und des Chronotops im Roman* und an Cornelius Castoriadis' Buch *L'institution imaginaire de la societé* (1979) erläuterte.[4] Von diesen beiden Kategorien, der Zersetzung des historischen Gedächtnisses und dem Imaginären bei der Schilderung des Realen, ist auszugehen, wenn man die poetische Erinnerung des Krieges von historischem Gedächtnis des Krieges unterscheidet, wie das im Folgenden geschehen soll.

Schon Homers *Ilias*, das erste Stück europäischer Literatur, lässt die Frage aufwerfen, inwiefern dem künstlerischen Interesse des Dichters an der Darstellung des Kampfes besonders gelegen war. Die Signifikanz des Kriegsthemas in der Malerei seit Renaissance und Barock, der Titel »arma et litterae«, also die unmittelbare Analogisierung von Krieg beziehungsweise Waffen und Literatur, als Ikonografie des Herrschers gehören in diese Kriegsemblematik der europäischen Literatur. Selbst Hamlet, der Denker, wird am Ende auf eine Kanone gelegt, und es wird von ihm gesagt, er hätte sich höchstköniglich, das heißt kriegerisch bewährt. Diese kulturell etablierte Kriegssymbolik ist aber mehr nur der Rahmen einer die historische Vergangenheit spezifischer betreffenden

Präsenz des Krieges in Roman und Drama seitdem. Shakespeares 1590 geschriebene Theatralisierung der Rosenkriege, Kleists Drama *Der Prinz von Homburg* von 1810, Tolstois Epochenepos *Krieg und Frieden* von 1864 bis 69, William Faulkners 1939 geschriebener Bürgerkriegsroman *The Unvanquished* und Claude Simons Kampfdarstellungen in *La Route de Flandres* 1960 oder *L'Acacia* von 1989 seien hier aus einem viel größeren Feld genannt – wozu auch Gedichte des deutschen Expressionismus gehören –, weil sie verschiedene Nationalliteraturen repräsentieren, dem literarisch-kulturellen Bewusstsein besonders geläufig sind und in ihrer Gegensätzlichkeit die Differenz von poetischer Erinnerung und historischem Gedächtnis besonders erläutern. Das umgekehrte Verfahren, nämlich Hayden Whites Lektüre historischer Texte nach Regeln der poetischen Rhetorik, also mythischer Archetypen, sei beiseitegelassen, weil White zwar den Widerspruch, aber nicht die Widerlegung der hier behaupteten Differenz von Geschichtsschreibung und Poesie erkennen lässt. Die Kriegsdarstellungen genannter Schriftsteller sind vor allem aber genannt, weil an ihnen das Merkmal des Imaginären besonders erkennbar wird beziehungsweise inwiefern die Kriegsthematik das Imaginäre fördert. Erstens die Intensität der Hass-Rede: Shakespeare. Zweitens die geträumte Unendlichkeit: Kleist. Drittens die Kontingenz der Stimmung: Tolstoi. Viertens das lakonische Detail: Faulkner. Fünftens die mythische Figur: Simon.

Es hätte nahegelegen, die wahrscheinlich stilistisch machtvollste und auch imaginative Darstellung des Krieges als Gemetzel, nämlich Louis-Ferdinand Célines Roman *Voyage au bout de la Nuit* einzubeziehen. Aber es geht hier nicht um hierarchische Reihenfolgen, sondern ausschließlich um die Verschiebung vom historischen Gedächtnis zur Erinnerung, die von Célines Darstellung gewiss bestätigt worden wäre. Die in der genannten Literatur behandelten Kriege beziehen sich, abgesehen von Claude Simon, alle auf zeitlich lange zurückliegende Ereignisse. Aber sie sind nicht Ausdruck einer historischen Rekonstruktion, eines Gedächtnisses der geschichtlichen Fakten. Letztere sind vielmehr einer subjektiven, oft idiosynkratischen Vergegenwärtigung anverwandelt, in der sich die Evokation des Imaginären unterschiedlich vollzieht.

1. Die Intensität der Hass-Rede: Shakespeare

Shakespeares Königsdramen sind auch in der Absicht geschrieben, die Geschichte Englands zu einem Zeitpunkt zu erinnern, in dem das Land zu einem ersten politischen und kulturellen Höhepunkt kam. Besonders die Behandlung der Rosenkriege der letzten Plantagenets und der Auftritt des ersten Tudor-Königs waren in Hinsicht auf die Interessen von Queen Elizabeth I., der Enkelin jenes ersten Tudors, geschrieben worden. Shakespeare hat zur Vorbereitung seiner Darstellung die Chroniken von Hall und Holinshed gelesen, die wiederum Aufzeichnungen von Thomas More benutzt hatten. Aber die historisch-politische Motivation bildet nur den materiellen Hintergrund für eine sublime Sprache, die aus der Charakteristik der Grausamkeit des Tötens ihre darstellerischen Effekte zieht. Beispielhaft hierfür die Szene aus *Henry VI*, in welcher Richard, Herzog von York, der Chef der Partei der weißen Rose, in die Hände seiner Feinde fällt, verhöhnt und getötet wird. Die Sprache der den Gefangenen ansprechenden Königin Margaret, Gemahlin des noch regierenden Henry VI, besteht aus einer Folge gesuchter sadistischer Motive, deren Bilder unser Vorstellungsvermögen fast überschreiten und deshalb in eine imaginative Bewegung versetzen kann.

Die Royal Shakespeare Company hat diese Sprachqualität der Darstellung mörderischer Handlungen in Anlehnung an Antonin Artauds Konzept des »grausamen Theaters« seinerzeit besonders drastisch und aggressiv inszeniert. Shakespeare ist durch die Theatralik von Senecas Schreckensthematik angeregt worden. Die Unheimlichkeit der Todesdrohung, die Abgefeimtheit, dem Todeskandidaten, bevor er erstochen wird, das blutbefleckte Tuch seines kurz zuvor ermordeten jüngsten Sohnes zu zeigen, das symbolische Wortspiel zwischen Krone und abgeschlagenem Kopf, der diese Krone nicht mehr tragen wird, kommt aus der Seneca-Rhetorik. Diese dramatischen Reden sind in eine Wörtlichkeit erhoben, in der eine Intensität des Vorstellbaren die bloße psychologische Prädikatisierung überschreitet. Die imaginative Qualität des Wortes gegenüber der Handlung wird später durch einen Kommentar Richards, Herzog von Gloucester, dem späteren Richard III., auf die Nachricht von der Ermordung seines Vaters von Shakespeare sozusagen poetologisch-selbstreferentiell ausgedrückt: »If we should recount / Our baleful news, and each word's deliverance / Stab poniards in our flesh till all were told, / The words would add more anguish than the wounds, …«[5]

Shakespeares Bewusstsein von der Macht der Wörter ist in vielen seiner Tragödien und Komödien reflektiert. Aber die Darstellung des Gemetzels des englischen Feudaladels zu Ende des 15. Jahrhunderts gab diesem Sprachvermögen eine besondere Gelegenheit, aus der bloßen Geschichtsdarstellung herauszutreten und in ihr eine imaginäre Substanz zu finden.

2. Die geträumte Unendlichkeit: Kleist

Die Kriegsthematik ist in ihrem Potential des Imaginären nicht auf unmittelbare Darstellung der Gewalt angewiesen. Kleists Drama *Der Prinz von Homburg* zeigt eine andere Form des Imaginären, das gleichwohl mit der Kriegsthematik einhergeht. Der historische Stoff, die Geschichte der Schlacht von Fehrbellin, in der die Reiterei des Kurfürsten von Brandenburg 1675 das schwedische Heer schlägt und den Aufstieg Brandenburgs zur europäischen Größe Preußens vorbereitet, dieser geschichtliche Hintergrund eines »vaterländischen Schauspiels« (Brief an Fouqué vom 15. August 1811) wird in der romantischen Rede des Helden – die Wörter »Traum«, »Nacht«, »Tod« und »Unsterblichkeit« sind prominent – überschritten. Eine Inszenierung, die auf die Rekonstruktion historischer Fakten aus wäre, käme nicht auf ihre Kosten. Die imaginativen Wörter sind auch nicht bloß dem Missverständnis des Prinzen, seiner Fehldeutung dessen, was als Kriegsereignis vor sich geht, geschuldet. Die dramatische Thematisierung von militärischem Ungehorsam, drakonischem Kriegsrecht und heroisch-stoischer Todesbereitschaft könnten die imaginäre Dimension verdecken oder sie als solche missverstehen lassen. Zweifellos haben viele traditionelle Aufführungen die Todesbereitschaft aus aristokratischer Ehre als theatralischen Höhepunkt des Stücks gesehen.

Aber die Kriegsthematik löst abgründigere Bewusstseinszustände aus, in denen vor allem das Verschwinden von »Etwas« im buchstäblichen Sinne in spezifisch poetischen Bildern emphatisiert wird: Sei es das Bild der ersehnten Prinzessin zu Beginn des Stücks oder das Bild des eigenen Lebens am Ende des Stücks. Die Strahlkraft des Auges wird einbezogen in diese Bewegungsmetaphorik des Verschwindens, Versinkens, Vergehens. Die Hinrichtung durch ein Erschießungskommando erwartend, spricht der Prinz die Sätze: »Durch stille Ätherräume schwingt mein Geist; / Und wie ein Schiff, vom Hauch des Winds entführt, / Die muntre Hafenstadt versinken sieht, / So geht mir dämmernd alles Leben unter: / Jetzt unterscheid' ich Farben noch und Formen, / Und jetzt liegt Nebel Alles unter mir.«[6] Eher die Sprache des Entsetzens vor dem Tod denn die Sprache einer soldatischen Ethik gehört zur imaginären Schicht, die Kleist aus dem Thema des brandenburgisch-schwedischen Krieges zieht. Nicht die dramaturgisch-psychologischen Bedingungen des Handlungsverlaufs. Entscheidend für das Imaginäre der Rede ist die Überschreitung des Psychologischen, die romantische, spezifisch Kleist'sche Perspektive der Unendlichkeit. Des Prinzen abschließende Worte »Nun, oh Unsterblichkeit, bist du ganz mein« verwandeln ein Motiv des spirituellen Pietismus zu Bildern des Emporsteigens, Versinkens, Verschwindens, zu Bewegungszuständen, in denen sich die Selbstgewissheit und ihre diskursiven Inhalte auflösen. Die Figur des Prinzen von Homburg ist zwar eine repräsentative Figur des romantischen Bewusstseins, dessen Sprache sogar an die Sprache von Brentanos Schauspiel *Pont de Leon* erinnert. Dennoch trägt die Kriegsthematik zum Ausdruck der imaginären Zeit erheblich bei: Die vom Kriegsthema gelieferten Zustände des Helden erlauben diesem permanent, die historisch-politische Zeit zu überschreiten. In diesem Sinne wurden in der ersten französischen Inszenierung des Stücks nach dem Zweiten Weltkrieg (mit Gérard Philipe in der Hauptrolle) die letzten Worte des Dramas ausgedrückt: Der Ruf »In Staub mit allen Feinden Brandenburgs!« drückte keinen Triumph mehr aus, sondern die ironische Rückkehr zur Normalität, nachdem das Nichtnormale, eben die imaginäre Sprache, vorgeherrscht hatte.

3. Die Kontingenz der Stimmung: Tolstoi

Man möchte vermuten, dass die Gattung des realistischen Romans im Unterschied zum Drama das historische Gedächtnis privilegiert. Es war indes Jules Michelet, der Autor des Werks *Histoire de la Revolution française* (1847/55), der Historiker mit der »glücklichen Einbildungskraft«, der gerade den Roman als Widerspruch zum geschichtlichen Denken verstanden hat. Der Roman lenke von der »Gerechtigkeit« ab, die der Historiker in der Geschichte erkennen müsse, der Roman sei dagegen die Manifestation der Illusion, der Phantasmagorie, des Schlafes. Was Michelet Mitte des 19. Jahrhunderts polemisch feststellte, das hat der Kulturtheoretiker Georges Bataille in den fünfziger Jahren des 20. Jahrhunderts affirmiert: dass nämlich der Roman – Bataille bezieht sich auf den romantischen Roman des 19. Jahrhunderts – kein Interesse an der historischen Zeit habe, sondern nur an einem imaginären Präsens.

Ohne diese unser Thema perspektivierenden Urteile diskutieren zu müssen, stellt sich indes die Frage, ob nicht Tolstois Roman *Krieg und Frieden* von 1864 bis 69 ein grandioses Beispiel gerade für die Darstellung einer historischen Epoche auf dem Höhepunkt des historischen Denkens ist. Tolstoi selbst hat *Krieg und Frieden* nicht einen Roman genannt. Was wären aber die nuancierten Bilder von Napoleons Stil der Debatte, die detaillierten Angaben über zeitliche Entscheidungsphasen, die komplexe Reflexion über die Gründe für den Kriegsausbruch von 1812, die präzisen Angaben über Details der Schlacht bei Borodino, nicht zu reden von den malerischen Entfaltungen von Sankt Petersburger und Moskauer Gesellschaftsabenden – was wäre diese ganze Fauna geschichtlich belegter Ereignisse anderes als das Denkmal eines historischen Gedächtnisses? Gibt es überhaupt eine historische Darstellung von 1812 und den Jahren, die dahin führten, die Tolstois Roman an geschichtlichem Sinn überböten? Wenn man nun aber die literarische Darstellungsform, die Reflexion des Erzählers, die Reden vor allem der hauptsächlich beteiligten Personen Pierre und Prinz Andrej, die Bilder, die sich uns einprägen dabei, erwägt, und dazu gehört auch die Darstellung der Schlacht, dann verwandelt sich das, was sich als historisches Denkmal anbietet, zur poetischen Erinnerung. Tolstoi gibt in den ersten Sätzen seines Epilogs dem Epos eine scheinbar historische Signatur. Bei genauem Besehen enthüllt sich jedoch eine spekulativ-philosophische Kosmologie: »Das aufgewühlte Meer der europäischen Geschichte hatte sich wieder in seine Ufer zurückgezogen« – »Obgleich das Meer der Geschichte an seiner Oberfläche ohne Bewegung schien, bewegte sich die Menschheit doch weiter, ununterbrochen wie die Bewegung der Zeit«.[7] Diese Sätze verweisen nicht auf das verzeitlichte historische Gedächtnis, sondern auf ein buchstäblich »ozeanisches« Verhältnis zur Vergangenheit, das auch in dem Titel »Krieg und Frieden« ausgesprochen wird: Die Darstellung eines Festes oder einer Schlacht wird Teil eines grandiosen kosmischen Geschehens – kraft Tolstois spezifischer Erzählweise. Hans Blumenbergs Einsicht, der scheinbare Realismus der Gattung Roman habe nichts mit der Nachahmung der Wirklichkeit zu tun, sondern komme aus der dem Roman »eigenen ästhetischen Illusion von Welthaftigkeit«,[8] einer »Fiktion der Realität von Realitäten«, erhärtet sich an Tolstois jeweiliger Verwandlung des bloß historischen Datums in eine unser Denken anregende, weiterdenkende Fantasiebewegung. Sie ist darin begründet, dass die Ereignisse und Personen einen ambivalenten, widersprüchlichen Ausdruck bekommen, wie es selbst bei einer psychologisch interessierten geschichtlichen Darstellung nicht möglich wäre. Der Verlauf der Erzählung kennt keinen teleologischen Impuls, sondern zeigt einen autonomen Detailismus, der als Detail fasziniert, ohne dass man ein historisches Urteil brauchte.

Besonders prägend für diese Perspektive gefühlter Kontingenz ist die Darstellung der beiden Hauptfiguren des Romans, Pierre und Fürst Andrej. Aus den Gestalten Pierres und Andrejs spricht eine Subjektivität, die als die Subjektivität des Erzählers gewertet werden kann, die die Tatsächlichkeit der Ereignisse abfälscht in eine Stimmung ganz anderer Ordnung, als es das historische Bewusstsein zuließe. Sowohl die exzentrische Gestalt Pierres als auch die ebenso idiosynkratische Gestalt Andrejs erlauben dem Erzähler, ein uns jeweils überraschendes Denken darzustellen. Die in beiden Gesprächen auftauchenden sozial- und gesellschaftspolitischen Themen sind, wie in *Anna Karenina*, realhistorische Implemente des Zeitgenossen Tolstoi, die den Phantasma-Charakter der seelischen Stimmungen und intellektuellen Reflexionen beider Figuren nicht verändern.

4. Detailismus statt Universum: Faulkner

Das Detail in Faulkners Darstellung ist das konkrete Stück Landschaft, Kriegsgerät, Haus oder Individualität, das, in aller Sinnlichkeit ausführlich entfaltet, sich einem zusammenfassenden Gedächtnis des Bürgerkriegs entzieht, auch wenn das Bewusstsein, einer heroischen Machart des Menschen anzugehören, eine zwar militärisch, aber nicht psychisch besiegte Kultur des Südens zu vertreten, ständig anwesend ist. Beispielhaft für diese Rolle des sinnlichen Details ist der Beginn des Romans *The Unvanquished*. Der Erzähler erinnert an ein Spiel, das der Held mit seinem schwarzen Freund gespielt hat: Sie bauten aus Holzspänen und aus geritzter Erde des Räucherraums die Nachbildung der nahen Stadt Vicksburg in Mississippi und ihrer Landschaft. Die Aufzählung der Mühe, ein verkleinertes Abbild der Wirklichkeit zu erreichen, evoziert die Vorstellung vom Krieg, dem »glänzendsten Sieg« und der »tragischsten Niederlage«, gilt aber eigentlich dem Spiel der beiden Jungen. Das, was sie vergeblich zu rekonstruieren versuchen, mit einem Eimer voll Wasser aus dem nahen Brunnen den Fluss nachzubilden, ist als Versuch charakterisiert, einen »Schild zwischen uns und der Wirklichkeit, zwischen uns und dem Geschehen und dem Verhängnis« zu stellen. Es ist keine Jahreszahl genannt, die Rede ist von »jenem Sommer«, und der Erzähler sagt, dass er damals zwölf Jahre alt gewesen sei.

Die Charakteristik des Spielplatzes beziehungsweise der nachgeahmten Stadt Vicksburg als »Schlachtfeld« verweist auf den zurückliegenden Kampf, der eine entscheidende Niederlage des Südens war. Die Bilder, die verwandt werden, verwandeln das Vergangene aber in eine Kette von Fantasiebildern, in denen alle sinnlichen Einzelheiten, das sengende Sonnenlicht, die Körper der Schwarzen, die Erscheinung der Großmutter, die eröffnete Thematik des Bürgerkriegs, also eine universale Idee, transzendieren: nämlich in den Pluralismus intensiver Wahrnehmung einzelner Dinge. Auch in ihrer Banalität sichtbar gemacht, sind sie Zeichen dafür, dass etwas Wichtiges an ihnen ist. Gerade weil das Universum ausgespart ist, bekommt das Einzelne seine intensive Lakonie, die uns durch den Dunst des Schleiers subjektiven Sehens das etablierte Einzelne wichtig erscheinen lässt. Das ist en fond Faulkners Verfahren, historisches Gedächtnis in poetische Erinnerung umzusetzen. Das signifikante Ereignis nicht direkt zu nennen, sondern vage anzudeuten wird vielgestaltig und vielthematisch variiert. Allem voran die Darstellung der zentralen Figur des Vaters, John Sartoris, des nicht zuletzt durch Tötungsakte gezeichneten Gesichts des tragischen Südens. Bei seinem Auftritt drücken nur beiläufige Andeutungen der Anstrengung eines langen Ritts, des Schmutzes der Kleidung und des Pferdes die Bedeutung des Mannes aus. Dieses Understatement – das hier ein Stilelement imaginärer Methode ist – kommt am Ende des Romans, das heißt nach Ende des Krieges, auch zu seinem Höhepunkt. Der Ich-Erzähler, nunmehr über zwanzig Jahre alt, sieht sich aus Gründen der Ehre gezwungen, die Erschießung des Vaters durch einen politischen Rivalen zu rächen: Die Situation des Aufeinandertreffens von Sohn und Gegner des Vaters wird aber zu einem enigmatischen Ritual, bei dem der Leser die Tötung des einen oder anderen erwartet, ohne dass sie stattfindet und ohne dass dieses Nichtstattfinden näher erklärt würde.

Dieser Stil der bloßen Andeutung zeigt sich bei der Darstellung aller dramatischen Vorfälle: der Niederbrennung des

Hauses durch die Truppen der Nordstaaten, der Liebesaffäre des Ich-Erzählers mit der neuen, jungen Frau des Vaters, dem Einbruch der Brücke über den Fluss, dem Tod des Vaters im Pistolenduell, der vom Sohn nicht vollstreckten Rache – alle diese Ereignisse werden nur in halber beziehungsweise minimaler Deutlichkeit deutlich. Der Roman *The Unvanquished* enthält sehr wohl historisch-politische Urteile, aber sie werden nicht zeitlich markiert. Die Zeit löst sich dabei in Raum auf. Die Vergangenheit wird vergegenständlicht in einzelnen erinnerten Geschichten, die eine erinnerte Geschichte erinnern, aber sie als Gedächtnis nicht benennen: So entsteht eine Folge von Szenen, in denen Entscheidungen aus traumhaft wirkenden unbewussten Zuständen erfolgen. Es gibt keine Handlung, keine Gedanken, die nicht so komplex wären, dass die Realisierung nicht auch extrem komplex erschiene. Charakteristisch die den Roman durchlaufende Versicherung: »ich merkte nicht«, »ich sah nicht«, »ich hatte vergessen«.

Diese Darstellungsform, das Erzählte in halber Vollständigkeit, die Geschehnisse akzidentiell erscheinen zu lassen, ist das wesentliche Mittel, den imaginären Effekt zu erzielen. Die Subjektivität des Erzählers erreicht dann transsubjektive Bilder, denen ein Pathos des Inkommensurablen innewohnt. Die Vergangenheit des Bürgerkriegs, die durch solche verstellenden, bildlich aufgeladenen Zeichen des Vergangenen erinnert wird, erreicht eine Wertigkeit, die nicht von historischem Wissen über sie begründet ist, sondern im Akt des imaginativen Erinnerns selbst. Der letzte Satz des Romans bringt es auf eine Pointe: Von einem kleinen Zweig des Eisenkrauts, das eine sehr emotionale Bedeutung im Roman hat, heißt es: Es »füllte das Zimmer, die Dämmerung, den Abend mit seinem Duft, dem einzigen, wie sie sagte, der kräftiger war als der Geruch der Pferde«.[9]

5. Die mythische Figur des Reiters: Claude Simon

Eine solche Charakteristik des Signifikativen scheint eine prinzipielle Gegensätzlichkeit zu Faulkners Stil zu nennen. Aber es gibt trotzdem eine wichtige Analogie: die erratische Dissimilierung der Fakten. Der Krieg – nach dem Ersten Weltkrieg Thema polemischer Zivilisationskritik geworden (beispielhaft Remarques Roman *Im Westen nichts Neues)* – hat seine Attraktivität für die imaginative Darstellung aber nicht verloren. Gerade andere literarisch herausragende Schriftsteller der Kriegsthematik nach dem Zweiten Weltkrieg, etwa Thomas Pynchon, belegen das. Eine besondere Stellung nimmt dabei der vom Roman Nouveau herkommende französische Dichter Claude Simon ein. Seine Romane *La Route des Flandres* (1960), *Les Géorgiques* von 1981 und *L'Acacia* (1989) stellen die Figuren des militärischen Reiters und des Pferdes in den Mittelpunkt der Darstellung, unabhängig davon, ob der geschilderte Krieg die napoleonische Epoche, den Ersten Weltkrieg oder die Niederlage des Frühsommers 1940 betrifft, also abgesehen von historischer Referenz. Das Bild des Reiters ist eine erkennbare imaginative Stilisierung der realen Historie.

Auch wenn der Umstand, dass die französische Armee sich Mitte des 20. Jahrhunderts strategisch auf Kavallerie verlässt, auf die kritische Verfassung dieser Armee hinweist, entchronologisiert die Inszenierung des Reiters die historischen Ereignisse zugunsten fragmentarischer Bilder. Hier berührt sich Simons mit Faulkners Stil der Akkumulierung von Raum und Gegenständlichkeit, die bei Simon durch den ekphrastischen Charakter seiner Komposition aus »Tableaus« zustande kommt.

Inwiefern der Verzicht auf die konsekutive Handlung mit dem Gewaltthema zusammenhängt, ist in der Forschung, namentlich von Wolfram Nitsch, erläutert worden.[10] Die Kette der Wörter stellt Bilder her, keine Realitätsausschnitte. Es entsteht eine Phänomenalität der Dinge, deren ekphrastischer Ausdruck sogar der homerischen Darstellung des Zweikampfes ähnlich werden kann. Die ehemaligen Ereignisse sind verwandelt zur Intensität präsentischer Wahrnehmung: Während in *La Route des Flandres* der Todesritt der Schwadron sexuelle Konnotationen erhält, ist die Reiterfigur des Romans *L'Acacia* transpsychologisch mythisiert: zum Zeichen einer enthistorisierten kriegerischen Macht. In der Figur des Pferdes und der des Reiters trifft sich die wiederholte Identität der Hauptfiguren eines ewigen Krieges. Es zeigt sich vor allem die Wahrnehmung von schierer Gegenständlichkeit ohne genaue politische oder historische Bedeutungszuschreibung. So der Abschied des Kolonialoffiziers: »… und keiner konnte sehen, ob sich in dem Bart oder dem düsteren Gesicht die Lippen des einen oder anderen bewegten. Der für den Krieg gerüstete Mann, barbarisch in seinem dunklen Waffenrock, gestiefelt, in Leder gegürtet, der seine Hand auf die Schulter jener Statue jener Säule legte, die eine gleichmütige rituelle Maske krönte und die genau in dem Augenblick, da sein Leben umkippte, hierher gesandt zu sein schien von jenen fernen, wilden Kontinenten, aus denen er sie geholt hatte.«[11]

Bilder einer fatalistischen, aber nicht geschichtsphilosophisch erklärten Ewigkeit des Krieges, einerseits entfaltet in der schieren Materialität der Waffen oder des militärischen Zubehörs, andererseits aber auch emphatisiert zu einer ikonischen Erscheinungsform, die dem Unabänderlichen der materiellen Basis allen Geschehens eine Art Würde abgewinnt. Das Materielle, das dem Autor die Konstrukte der Tableaus erlaubt, ist entscheidend. Diese Beschränkung auf das Tableau hat gewiss auch eine enigmatische Wirkung, ohne dass Rätsel aufgegeben würden. Dass nicht mehr gesagt wird, als was die Wörter dieser Gegenständlichkeit besagen, verweist auf ein Ungesagtes hinaus, aber dieses meint keine Bedeutungsverhüllung. Dass es nicht gesagt wird, etwa der Sinn des Krieges, heißt eigentlich nur, dass es darüber mehr, als die zitierte Wörtlichkeit sagt, nicht mehr zu sagen gibt.

Aus der Kriegsdarstellung, dem Gewaltelement des Themas gewinnen Shakespeare, Faulkner und vor allem Simon unmittelbar ihre Originalität, während Kleist und Tolstoi dies eher mittelbar erreichen: Shakespeares Hass, Kleists Unendlichkeit, Tolstois ambivalente Stimmung, Faulkners lakonischer Detailismus und Simons Tableaus haben aber gemeinsam, dass sich historisches Gedächtnis in verschiedenartige poetische Erinnerungsformen verkehrt. Proust, der die Erinnerung sogar als poetisches *Verfahren* seines Romans nennt, ist im Vergleich – was die Welt des Kriegs betrifft – ähnlich wie in den Briefen nicht expressiv.

Bevor ich zu Prousts Darstellung des Krieges im zehnten Buch der *Recherche* etwas Abschließendes sage, seien die Beispiele zum Thema vergangener Kriege in der Literatur über die Kategorie des Imaginativen beziehungsweise des Imaginären noch einmal begrifflich konkretisiert. Imagination – das sahen wir – ist die subjektive Evokation eines rein Gegenwärtigen. Das Produkt ist das Imaginäre. So wie es Rousseau im fünften Spaziergang seiner *Rêveries du Promeneur solitaire* charakterisiert hat: jenseits von Vergangenheit und Zukunft.[12] Es ist eine imaginative Zeitlichkeit, die auch Bataille dem Roman des 19. Jahrhunderts zuschrieb. In dem

Moment, wo die Beschreibung eines vergangenen Ereignisses die Intensität des von ihm Vorgestellten produziert, da tritt die historische Markierung zurück, ganz unabhängig von der Thematik. Der Krieg ist für den ästhetischen Effekt ein besonders anregendes Thema, aber er ist nicht die thematische Bedingung für die Produktion des Imaginären. Man findet dieses allerdings eher in Flauberts *Salammbô* oder in Kafkas *Strafkolonie* als in einem realistischen Gesellschaftsroman. Aber selbst dieser enthüllt an entscheidenden Stellen die Überbietung des Historisch-Realen durch Phantasiemomente. Baudelaires Charakteristik des poetischen Traums *(rêve)*, wie er ihn im Widmungsgedicht von *Les Fleurs du Mal* oder in dem Gedicht *L'Idéal* beruft, bevorzugt den Schrecken. Aber vor allem deshalb, weil der imaginäre Schrecken durch den emphatischen »Jetzt«-Modus hervorgerufen wird. Es gibt imaginäre Augenblicke, die ohne »Blutgerüste« auskommen, so Baudelaires Gedicht *A une Passante*.

Wenn der »Jetzt«-Modus für das Imaginäre entscheidend ist, dann löst die Erinnerung als solche keinen imaginären Effekt aus, sondern nur ihr spezifisch temporal-subjektiver Modus. Das lässt sich an einem Leitmotiv der Literatur erhärten: an der immer wieder auftretenden Reflexionsfigur des je schon Gewesenen. Es ist der Gedanke, dass der Augenblick unseres Erlebens schon vergangen ist, wenn wir seiner bewusst werden. Das ist nicht die romantische Elegie, die in der Melancholie über das Vergangene Trost findet. Es ist das radikalere Bewusstsein von dem strukturell gegebenen Verschwinden des Augenblicks, die Ewigkeit seines Verlorenseins als negative Epiphanie. Wir finden die Darstellung dieses Bewusstseins als einen poetischen Schock statt historischer Erinnerung in Goethes *Torquato Tasso*, in Leopardis *Der Abend des Feiertags* oder *Monduntergang*, in Kafkas *Ta-*

gebüchern und natürlich in Baudelaires *Spleen*-Gedichten, also bei repräsentativen Dichtern der Moderne. Die Reflexionsfigur des je schon gewesenen Augenblicks, die auch die Gegenwart dem Gefühl des Verschwindens ausliefert, ist eine spezifisch poetische Form des Erinnerns.[13] Sie ist die Perspektive der Subjektivität. Sie entwirft keine objektive Vergangenheit, keine solche, die geschichtlich nahe oder fernere Zeiten einhält. Das historische Zeitbewusstsein – das würde selbst im Fall von Tolstois historischem Roman klar – ist immer eine sozusagen unbestimmte Zeitlichkeit des jetzt sprechenden Subjekts. Dann geht die erinnerte Vergangenheit – und sei es die eines Augenblicks – in die Gegenwärtigkeit des poetischen Sprechens ein.

Und Proust? Die wichtigste Differenz zu den erörterten Schriftstellern ist, dass sich im letzten Buch der *Recherche*, das den Ersten Weltkrieg nachdrücklich thematisiert, keine Darstellung des kriegerischen Ereignisses selbst findet, sondern die Darstellung der den Krieg kommentierenden Personen des Romans, vornehmlich die Sichtweise von Robert Saint-Loup, von Monsieur de Charlus, von Gilbert und nicht zuletzt von den germanophoben Mitgliedern dieser Gesellschaft. Hierzu gehört auch die Schilderung der noch immer eleganten Metropole, etwa die extravagante Mode junger Frauen, die Proust mit dem nachrevolutionären Stil des Directoire vergleicht.

Die Kriegsthematik führt den diagnostisch-psychologischen, auch mentalitätskritischen Diskurs des Romans weiter: Der Krieg wird nicht, wie in der erörterten Literatur des 16., des 19. und 20. Jahrhunderts als ein exzeptionelles Ereignis sui generis dargestellt, weder emphatisch noch kritisch. Der Krieg zeigt die Fortsetzung der Gesellschaft als Gespräch. Deshalb kommt es auch nicht zur Darstellung jener das Bekannte überbietenden Erscheinungs- und Bewusstseinsformen wie in der bisher erörterten Literatur. Stattdessen die fortgesetzte Charakteristik der Reaktionen einiger zentraler Personen des Romans. Es ist eine Charakteristik, die es zur Reflexion der in der Pariser Oberschicht erkennbaren Urteile, Vorurteile und Fehlurteile präzisiert, eine Reflexion, die man Ideologiekritik nennen würde, wenn Prousts ironischer Geist sich nicht gegenüber solch einem auch immer deduktiv-pädagogischen Verhalten bedeckt hielte und stattdessen ein kulturell-psychologisches Wissen bevorzugte.

Es scheint Prousts Methode zu sein, die chauvinistische Variante der Kriegsthematik wie in den Briefen schlecht aussehen zu lassen. Der Erzähler, der meist nicht selbst urteilt, der aber im letzten Teil der *Wiedergefundenen Zeit* sehr wohl davon spricht, seinen »Deutschenhass« auflösen zu können, die »perverse Grausamkeit« nicht als Wesenszug Deutschlands anzusehen, dieser also sehr wohl hintergründig-engagierte Beobachter zeigt besondere Sympathie für seinen Freund Saint-Loup, der nicht nur, wie Proust selbst, die deutsche Musik nach wie vor preist, sondern sogar von der »Bravour« der deutschen Armee spricht. Selbst Saint-Loups Strategietheorem, wonach ausgerechnet des tumben Hindenburgs Kriegsführung die napoleonische Strategie erfolgreich wiederholt habe, wird kommentarlos wiedergegeben. Demgegenüber erscheint der germanophobe patriotische Bloch als eine vulgäre Gestalt. Es ist Saint-Loups noble Haltung als adliger französischer Offizier, seine Verbindung von Opferbereitschaft und Fairness, die Prousts Darstellung bestimmt, wobei sein entscheidendes Kriterium a priori nicht verloren geht: dass nämlich in jeder Pro- oder Contrahaltung bezüglich solch einer Thematik sich notwendigerweise immer auch die Konventionalität des Sprechenden ausdrückt. Dazu gehört die ambivalent-ironische Erwähnung einer vom Männlichkeitsideal angetanen homosexuellen Affinität. Es ist ein Spiel des immer anwesenden Bruchs der Perspektive, so die Schilderung des patriotischen Stolzes von Gilberte in ihrem Bericht aus der Normandie über den Widerstand tapferer französischer Truppen, die sich vor Prousts Forscherblick ebenfalls erschließt.

Da ich auf Prousts Behandlung des Krieges nur im Kontext der erörterten Kriegsthematik der Literatur kurz eingehe, also weder auf den Erinnerungsmodus des Romans noch auf den Status der besonderen Kriegserinnerung im Romanganzen, abschließend die einzige, schon im Briefwechsel erwähnte Charakteristik einer unmittelbaren Erscheinung des Krieges im Sinne eines imaginativen Verfahrens: der Anblick deutscher Flugzeuge über Paris. Der Erzähler spricht gegenüber dem Freund Saint-Loup von der Schönheit der im Dunkeln aufsteigenden Flugzeuge. Im weiteren Gespräch werden Sätze und Wörter gewählt, als ob es sich um die Charakteristik von Ornamenten in gotischen Kathedralen handele. Der Freund Saint-Loup spricht »vom Augenblick, in dem sich die Flugzeuge zu einer Art Sternbild zusammenfügen«, vom »Augenblick«, der am »schönsten« sei, wenn die Flugzeuge »schon ganz unter die Sterne versetzt« seien, oder dem »Augenblick«, in dem sie etwas »Apokalyptisches« bekämen.[14] Schließlich der Vergleich des Flugs der deutschen Flieger mit Wagners Walkürenritt. Diese sehr lange Passage setzt eine Pointe, die nicht ohne weiteres zu entziffern ist. Liegt sie darin, dass Proust die Wahrnehmung von Erscheinungen des Krieges gegenüber Aussagen *über* den Krieg hervorheben will? Besonders deshalb, weil es ihm – auch wenn es Flugzeuge sind – nicht um die Emphatisierung eines kriegerischen Elements als kriegerischem geht? Nicht zuletzt ein ironisches Motiv hinsichtlich der ambivalenten oder negativen Haltung der französischen Elite gegenüber deutscher Musik? Eine den Krieg emphatisierende Absicht würde jedenfalls Prousts später geäußertem Verdikt anheimfallen, dass die »Idee einer patriotischen Kunst«, wie sie Maurice Barrès mit Hinweis auf die Malerei Tizians empfohlen hatte, lächerlich sei.

Es scheint mir, dass der Tod im Ersten Weltkrieg als Thema und Motiv des zehnten Buchs der *Recherche* nicht schwerer wiegen konnte als der Tod Albertines im neunten Buch: Hätte Proust den Krieg als konkrete Erfahrung gekannt, dann hätte seine Darstellung Nuancen des Imaginären erreicht, wie in den Sätzen über die deutschen Flugzeuge. Das Bewusstsein vom eigenen Tod, wie es im eingangs zitierten Brief an André Gide erwähnt wird, hat den Tod im Krieg schon einbegriffen. Deshalb die identifikatorische Sympathie, mit der junge Soldaten auf Urlaub wahrgenommen werden: als nur für kurze Zeit grausam in die Gefahrlosigkeit Entlassene. Die Rede von der »Schönheit« der im Dunkeln aufsteigenden deutschen Flugzeuge ist eine Provokation des Wahrnehmungsethos gegenüber der bloß ideologischen Rede vom Krieg: Diese Provokation ästhetisiert nicht den Krieg, sondern entdeckt auch in ihm das in das Kriegspathos nicht Integrierbare. Vor allem aber: Die Flugzeuge sind das einzige symbolische Bildzeichen des Krieges, das Proust zur Verfügung stand im Sinne der im Roman entfalteten Chronotopoi. Es ist ein besonders eindringlicher Ausdruck dafür, wenn historisches Gedächtnis in poetische Erinnerung übergeht.

Dennoch: Diese Einschätzung ist noch einmal zu überdenken. Ein Kommentar von Paul Valéry zum Erinnerungs-Diskurs des Dichters im Allgemeinen und zur Erinnerungs-Form Prousts im Besonderen legt das nahe. Valéry schreibt – in einem Brief an Madame Pavel vom 19. Januar 1935 – »die Vergangenheit« sei für ihn »in ihrer chronologischen und erzählerischen Struktur zerstört«.[15] Er habe das »unüberwindliche Gefühl«, dass er seine Zeit »verlöre«, wenn er »nach der verlorenen Zeit« suche. Der entscheidende Satz lautet: »Das Ereignis Prousts zeigt, dass meine … mnemotische Veranlagung, die mich verleitet, die Vergangenheit als gleichgültig und sogar willkürlich zu betrachten (anders ausgedrückt, zu denken, dass meine Erfindung oder Missbildungen sich nur äußerst wenig von ihr unterscheiden), am allerwenigsten eine literarische Veranlagung ist.« Valéry will letztlich sagen – ganz im Kontext seiner imaginativen Ästhetik – wenn die Darstellung von historischer Vergangenheit in die Sprache eingehe, höre sie auf, literarisch zu sein. Und offenbar scheint genau dies in seinem Urteil der Fall von Proust. Denn Valéry fährt fort: »Die Schreibart von Proust ist mir unbegreiflich. Lange Zeit schreiben ist mir widerwärtig (…) Aus alledem können Sie leicht auf meine bekannten Ansichten über den Roman und die Geschichte schließen.«[16]

Hat also Proust doch nur die historische Vergangenheit erzählt und dadurch – das ist Valérys Verdacht – die poetische verabsäumt? In Konsequenz des oben Ausgeführten wäre darauf zu antworten: Die Differenz zwischen lyrischer und prosaischer Sprache, von der Valéry offenbar ausgeht, gibt Ersterer zweifellos ein Surplus an imaginativer Wörtlichkeit in Valérys Sinne. Diese Differenz schließt jedoch das imaginative Element in der Prosa nicht aus: Erstens, die idiosynkratische Manier, in der Proust seine Personen über den Krieg sprechen lässt – vergleiche Tolstois Verfahren –, ist kein einfacher historischer Diskurs. Zweitens, noch weniger sind es die Phantasmen über das Erscheinen der deutschen Flugzeuge über Paris. Dabei sei offengelassen, wie Prousts Darstellung der Erinnerung an den Krieg zum Konzept der »wiedergefundenen Zeit« steht.

Es zeigt sich, wie die imaginative Präsenz der Hass-Rede trotz der reflexiven Aufhebung der diskursiven Hass-Rede erhalten bleibt. Einerseits wird die bornierte Form des französischen Nationalismus in der Gestalt der Figur Bloch, also der Hass-Diskurs, ironisiert. Andererseits spricht Proust in einem Stil vom eigenen »Hass« gegen die Deutschen. Er verbindet damit die Möglichkeit, solchen Hass zu relativieren, trotz der verbreiteten Rede von den »deutschen Gräueln in Belgien«,[17] von der »perversen Grausamkeit«[18] als einem »Wesenszug Deutschlands«. Das sind die gleichen Charakteristika des Feindes, von denen schon Zola und Maupassant erzählten. Prousts Reflexion hat folgenden Wortlaut: »Schließlich hatten bis zu einem gewissen Grade die Deutschfreundlichkeit bei Monsieur de Charlus, der Blick, den Saint-Loup auf die Fotografie Albertines geworfen hatte, mir dazu verholfen, einen Augenblick lang mich vielleicht nicht von meinem Deutschenhass, so doch wenigstens von dem Glauben von dessen rein objektiver Gültigkeit loszulösen und dem Gedanken Raum zu geben, dass es vielleicht mit dem Hass wie mit der Liebe sei und dass in dem vernichtenden Urteil, das in diesem Augenblick Frankreich über Deutschland fällte, wenn es dieses Land nicht länger in die Menschheit einbezog, vor allem eine Objektivierung von Gefühlen sich ausdrücke …«[19]

Indem Proust erwägt, dass die Deutschland nachgesagte »Grausamkeit« nicht unbedingt ein Wesenszug Deutschlands sein muss, sondern eben das Abbild eines subjektiven Gefühls, das sich wie die Liebe ändere, verweist er aber gleichzeitig auf die stattgehabte »Objektivierung«, also die weitere Präsenz dieses Gefühls: Das, was objektiv zu einer diskursiven Hass-Rede geworden ist, wird andererseits – in eine literarisch-imaginative, äußerst differenzierte Beobachtung integriert – Ausdruck der Abweichung davon, ohne dass die Imagination des Hasses verschwände. In Goncourts Tagebüchern, Flauberts Briefen, Maupassants Erzählungen und Zolas Roman wird die Hass-Emotion einerseits als diskursives Zeichen benannt, andererseits als expressives Bild dargestellt. In Prousts Reflexion hat sie einerseits endgültig den diskursiven Status bekommen, von dem Proust sein Gefühl andererseits distanziert, wenn er seinen Hass imaginativ reflektiert. Sind nur sehr kurz kriegerische Szenen dargestellt, dann als die oben erwähnte phänomenologische Beobachtung deutscher Flugzeuge über Paris,[20] wobei ihr Anblick die Deutschen nicht degradiert, sondern umgekehrt kulturell emphatisiert und ästhetisiert: »... was dir nur ein Schauspiel erscheint, ist der Moment, in dem die Geschwader sich formieren, Befehle ausgegeben werden und der Jagdflug beginnt. Aber findest du nicht auch den Augenblick am schönsten, in dem sie, ganz schon unter die Sterne versetzt, sich doch noch wieder von ihnen loslösen, um auf die Jagd zu gehen oder auf das Signal zum Sammeln wieder heimzukehren, den Augenblick, in dem sie etwas Apokalyptisches bekommen, da ja dann selbst die Sterne offenbar nicht an ihrem Platz bleiben? Und diese Sirenen, ist das nicht wirklich wie Wagner – was ja auch im Übrigen sehr gut für eine Begrüßung der Deutschen paßt«.[21]

Das ist wohlverstanden nicht Prousts erzählender Ich-Anteil an der Unterhaltung mit dem Freund Robert Saint-Loup, sondern Saint-Loups Blick auf den deutschen Feind, den er als adliger Offizier mit militärischer Kennerschaft häufig zu ehren unternimmt, die militärische Bravour der deutschen Armee hervorhebend. Der Wortlaut der Beobachtung zur »Schönheit« deutscher Flugzeuge unter den Sternen über Paris ist die Umkehrung von Zolas Beobachtung der preußischen Heere vor Sedan als »schwarze Ameisen«. Auch Proust bezieht sich auf eine im Roman schon vorher erörterte geistige Kapazität der Deutschen, auf Richard Wagners Musik. Es ist eingangs angedeutet worden, inwiefern nach dem Zweiten Weltkrieg eine dem Proust'schen Text nicht ähnliche, aber vergleichbare Wahrnehmung des preußisch-deutschen Offiziers als Gegner, nicht als Unhold, in Texten repräsentativer französischer Schriftsteller auffällt, obwohl die im Zweiten Weltkrieg vollbrachten deutschen Gräuel die Texte der Zola und Maupassant wenn nicht wie Vorwegnahmen, aber wie Prophezeiungen aussehen lassen. Für diese entweder sympathisierenden oder verstehenden Antworten, vor allem Sartres und Camus', bietet sich eine paradoxe Erklärung an, die abschließend nur zu nennen, nicht auszuführen ist: In der Intensität der französischen Hass-Rede lag die Intensität einer dialektischen Umkehrung verborgen. In den Gesprächen der Pariser Literaten schon vorbereitet, intensivierte sie sich mit der Wiederentdeckung der deutschen Philosophie und Literatur seit den zwanziger Jahren des 20. Jahrhunderts. Vor allem aber, weil der Intensität der Hass-Rede strukturell ihre Umkehr, nämlich die Faszination, die der Gehasste auslöst, entsprach. Diese Faszination, die negative wie die positive, ist heute verschwunden. Das lässt keine imaginative Hass-Rede mehr erwarten. Ob einen neuen Diskurs des Hasses, das bleibt durchaus offen.

Das verschwundene Paradigma

Friedrich II., Preußen und der 20. Juli

Man kann schwerlich drei Begriffe finden, die in Kombination für das durchschnittliche historische Bewusstsein noch immer weniger attraktiv wären: Friedrich der Große – ein Vorläufer Bismarcks und Hitlers; Preußen – das Zeichen des Bösen in der deutschen Geschichte; und der 20. Juli, dessen man zwar jährlich unter Ausschluss der Öffentlichkeit gedenkt, aber doch irgendwie peinlich berührt von diesen preußischen Junkern. Die instinktive Abneigung gegen die drei Worte hat zweifellos etwas zu tun mit der westdeutschen Nachkriegsidentität, in der das Wort Preußen ausgetilgt blieb.

Die Austilgung geschah nicht nur als ein passives Hinnehmen des Unabwendbaren – identisch mit der Katastrophe des verlorenen Krieges selbst –, sondern als ein aktiver Wille, für immer mit dem Schluss zu machen, was zum Elend von 1945 geführt hatte: der Erziehung zum Krieg. Und worin hätte die Essenz preußischer Tradition mehr gelegen als eben in solch einer Erziehung? Das kann mit Recht so gesehen werden. Im Folgenden soll es daher nicht um eine Bestreitung des Tatbestandes gehen, sondern um die Frage, inwiefern die geschichtsphilosophisch-moralische Tilgung Preußens ihrerseits ein Akt der Barbarei ist, der einen der kulturellen Gipfel der deutschen Geschichte eliminiert. Damit werden die zwei gängigen Thesen bestritten, die Erziehung zum Kriege sei identisch mit preußischem »Militarismus«; und die These, deshalb sei Preußen endgültig von gestern und ohne jegliche Bedeutung für heute und morgen. Die Version schließlich, Preußen sei nur ein deutscher Regionalstaat unter anderen gewesen, also die geschichtliche Wiederherstellung qua Verharmlosung, ist nicht diskussionswürdig.

Die Erziehung zum Kriege

Bataillen gehören dazu, um zu dezidieren.
Friedrich II.

Wenn nicht Preußen – was sollte denn dann das Paradigma in Deutschland sein? Im Gebiet des alten Reichs war bei allem kulturellen Reichtum kein einziges politisches und geistiges Zentrum von europäischem Rang entstanden, wenn wir Österreich als exzentrisches Imperium vom deutschen Zentrum trennen. Rang im umfassenden Sinne des Wortes haben jeweils nur Machtstaaten entwickelt: das Athen des Attischen Seebunds, das Rom der Punischen Kriege, die Hohenstaufen bei der Eroberung Italiens, das Spanien der Konquistadoren, der auch militärisch signifikante Ludwig XIV., Großbritannien seit der siegreichen Elisabeth, Russland mit Peters Vorstoß zum Baltischen Meer und eben auch Preußen seit dem Siebenjährigen Krieg. Friedrich II. hat das klar erkannt, und es war ein Motiv seines Tuns: Preußen zu einem »großen« Staat zu machen, auch im sittlichen und im politischen Sinne, und darin unterschied sich Preußen eben von allen anderen deutschen Kleinmächten: nämlich im Abstraktionsvermögen vom traditionalistisch-feudalen Plunder der altdeutschen Länder. Wenn Goethe sich an die Zeit seiner Frankfurter

Jünglingsjahre erinnert und meinte, er sei »fritzisch« gewesen, und, während der Italienreise 1786 vom Tode des preußischen Königs erfahrend, diesen Tod zum welthistorisch denkwürdigen Ereignis hypostasiert, so denkt er, der Individualist, was durchaus nicht individuelle Ansicht blieb. Das Paradigma war von Beginn an aber zweideutiger Natur: Es war auf der Wahrnehmung der heroisch gesehenen Kriegsführung Friedrichs II. gegen die drei führenden Kontinentalmächte Österreich, Frankreich und Russland gegründet. Die Erregung über die Eroberung Schlesiens und über den Einfall in Sachsen war einer europaweiten Bewunderung für den einsamen König gewichen, der einer an Truppen und Hilfsmitteln weit überlegenen Koalition getrotzt hatte. Es war mehr als Bewunderung, es war Faszination.

In der Erinnerung der Berliner und der Preußen anderer Landesteile sind die Namen der rettenden Siege Hohenfriedberg, Roßbach und Leuthen sowie die Namen der den Staat gefährdenden Niederlagen Colin und Kunersdorf zunächst nur zur patriotischen Legende geworden. Aber Faszination an etwas Unerhörtem trat hinzu. Dazu gehörte die Tapferkeit der preußischen Armeen, die Friedrich mehrfach behauptete und beschwor, und nicht zuletzt die Tapferkeit seines ausschließlich aristokratischen Offizierskorps. Hier schon ist zu erkennen, inwiefern der brandenburgisch-preußische Staat in einem großen historischen Kontext sein Paradigma förmlich erfand. Dass es zunächst ein militärisches war, tut ihm keinen Abbruch. Das römische Paradigma war ebenfalls auf das militärische Genie gegründet, dem der juristische Charakter dann folgte. Dass das im Militärischen begründete Paradigma andere Kapazitäten an sich zog, zeigt nicht zuletzt der Umstand, dass die Philosophie des deutschen Idealismus wenige Jahrzehnte später an preußischen Universitäten ebenfalls mit einer imperialen Geste gelehrt wurde. Und schließlich zeigt sich das vollendete Bild des Zusammenfalls von neuem Geist und neuer Macht in Preußen darin, dass die Kriegskunst als Zivilisationselement begriffen werden konnte: Der bis heute bedeutendste Theoretiker des Krieges, Carl von Clausewitz, war Preuße und durch die Erziehung der preußischen Armee gegangen. Dies ist ein Zusammenhang, den kein Geringerer als Heinrich Heine quasi gegen sein Preußen hassendes Herz genau erkannt hat. Dass er des jungen Bismarck bevorzugter Schriftsteller war, hat er nie erfahren, ist aber eine Pointe in diesem Zusammenhang.

Es war nicht die militärische Kraft selbst, die unverhältnismäßig zur preußischen Bevölkerungsdichte enorm angewachsene friderizianische Armee – am Ende waren es 160 000 Mann –, sondern der »Geist«, von dem man Wunderdinge kolportierte. Im Geist dieser Armee steckte etwas von Friedrichs eigener Intellektualität. Es war der Geist des frenetischen Angriffs, das »Attaquer donc toujours«, dem Friedrich nachdrücklich anhing. Er hat dieses Prinzip in formalen Erlassen bekundet, die den Offizieren der preußischen Kavallerie bei Strafe der Festungshaft auferlegten, sich niemals vom Feinde attackieren zu lassen, sondern den Angriff unter allen Umständen selbst zu eröffnen.

Für den Durchschnitt der Bewunderer, namentlich einzelne ausländische Schriftsteller oder Gesellschaftsgrößen – Voltaire war ja nur der Bekannteste –, war es ein wenig auch die Situation des »Schiffbruchs mit Zuschauer«. Nur dass der Untergang nicht stattfand. Aber er stand sieben Jahre lang, besonders 1758, in Aussicht – auch der Tod des Königs selbst, der in singulärer Abweichung zum Verhalten eines Souveräns im 18. Jahrhundert Gefallen daran fand, im dichtesten Gefechtsfeuer höchstselbst aufzutreten, nicht zuletzt in der

Schlacht von Leuthen, seinem berühmtesten Sieg, gegen die doppelt so starke Armee der Österreicher und Sachsen. Dem war der Sieg bei Roßbach vorangegangen, ebenfalls gegen eine an Soldaten weit überlegene Armee des französischen Generals Soubise und des Reiches. Wie das erreicht wurde – ob durch die Kühnheit der taktischen Truppenbewegung, nicht zuletzt die Verwegenheit der preußischen Kavallerie unter Reiterführern wie Seydlitz und Ziethen, ob durch die drakonisch erzwungene Standfestigkeit der preußischen Infanterie bei größten Verlusten –, es hat jedenfalls die friderizianische und preußische Mythologie erst begründet und spielt eine zentrale Rolle bei der Entstehung eines nicht nur preußischen, sondern deutschen Patriotismus im 18. Jahrhundert. Dabei hatten viele zu Bildern gewordene Szenen des Siebenjährigen Krieges ihren Anteil: zum Beispiel die Erinnerung an die letzten Augenblicke des tödlich verwundeten Siegers von Prag, des Generals Schwerin, der in den Worten Friedrichs zur Ikone Preußens wurde, von englischen Zeitgenossen gefeiert als größter Offizier der Epoche überhaupt.

Zu diesem Phänomen des friderizianischen Krieges gehörte auch Gehalt und Stil der Tagesbefehle: »Wir müssen den Feind schlagen oder uns selbst vor seinen Kanonen begraben. Denkt Euch als Preußen.« Die preußischen Verluste im Siebenjährigen Krieg waren bei einer solchen Mentalität extrem hoch. Nicht nur unter den Mannschaften, sondern ebenso im Offizierskorps. Friedrich verlor dreiunddreißig Generäle, darunter Schwerin, Winterfeldt und Keith. Von diesem Kaliber überlebten den Krieg nur Seydlitz, Ziethen und der königliche Bruder, Heinrich von Preußen. Manche Familie des preußischen Adels, so die Kleist, Krosigk, Arnim, Bredow, Schulenburg, Sydow, Putkamer, verloren fast alle ihre bei der Armee stehenden Väter und Söhne. Diese extrem hohen Verluste innerhalb der Generalität und des Offizierskorps waren die Folge des Prinzips, sich selbst unmittelbarer Lebensgefahr auszusetzen, was zum Nimbus der preußischen Armee trotz seines Söldnerheers führte und hundert Jahre später, nach Königgrätz und Sedan, zum Mythos geworden war, den selbst Marcel Proust zu erinnern wichtig fand.

Der friderizianische Angriffsgeist, koste es, was es wolle, entsprang aber nicht einer Allüre des Königs, sondern nichts anderem als dem Instinkt zum Überleben, das heißt der Staatsräson: ein Bewusstsein, das Friedrich und sein Offizierskorps von den Gegnern unterschied. Denn dieser Geist implizierte eine Entscheidung für jetzt und nicht für übermorgen, da der zahlenmäßig Unterlegene in der Überraschung sein Glück suchen musste: »unsere Kriege müssen kurz und vif sein, massen es uns nicht konvenieret die Sachen in die Länge zu ziehen«. Friedrich benutzte im Unterschied zu Napoleon keine Avantgarden, sondern musste unter den Augen des Feindes die Schlacht sofort eröffnen. Das populäre Bild vom hohlwangigen, blitzenden Auges unter dem weiß befederten Dreispitz vorschreitenden König, die preußische Fahne und den Degen ins Gefecht tragend, ist zwar Historismus des 19. Jahrhunderts, von Ufa-Filmen dann verkitscht, aber ebendieses Bild war schon in der europäischen Vorstellung anwesend, die zur Grundlage des preußischen Paradigmas wurde: Ein einsamer König, von Feinden umzingelt, obsiegt.

Im Anfang, während der Schlesischen Kriege, nach Hohenfriedberg, als die Faszination begann, war diese noch befördert durch die Überraschung, die sich aus dem Kontrast zwischen Kriegsherrn und prinzlichem Dandy ergab; obwohl gerade der Dandyismus des jungen Friedrich, seine frühe Kälte gegenüber den väterlichen Erwartungen und vor allem sein Verhalten nach der Hinrichtung des Freundes Katte jene Kraft des Willens zeigen, unter Gefahren zu überleben, was dann auch zur Kennmarke seines Landes werden sollte. Wenn man dieses Image einsetzt in die damalige Aktualität des antikischen Heroenkults – die schmeichelnden Briefe Voltaires sind ein gutes Dokument hierfür –, dann wird deutlich, inwiefern Kriegsruhm im 18. Jahrhundert gerade zum Zivilisationsdiskurs und nicht etwa zu dessen Abbruch gehört und weshalb das militärische Prestige Preußens nicht als Widerspruch zu einem kulturellen zu gelten hat.

Friedrich – von Beginn an als die Ausnahmeerscheinung in die Geschichte tretend – produzierte also das Paradigma. Ein Paradox: die Ausnahme, die Regel werden wollte. Die Erziehung zum Kriege, die Staatsräson des friderizianischen Preußen wurde, blieb exzentrisch, aber notwendig. Es war nicht die fixe Idee eines »warmonger«, keine neurotische Schimäre eines Fantasten. Preußen hat als Staat in der militärischen Krise überlebt, weil sein König auch im Krieg die Ausnahme selbst verkörperte und die Ausnahme forderte. Seine Feinde zielten auf die totale Zerstörung dieses Staates. Indem Preußen dieser Zerstörungsabsicht durch die geniale Kriegsführung seines Königs trotz schwerster Niederlagen entging – den Tod der Zarin Elisabeth sollte man nicht als Ursache überschätzen –, erreichte es die Qualität des kontinentaleuropäischen Machtstaates. Das Paradigma, das gesetzt wurde, waren die Tugenden, die dabei entwickelt werden mussten und an die sich weitere knüpften: philosophische und staatlich-institutionelle. Es wäre also nur der Ausdruck einer panischen Abwehr der Essenz Preußens, wenn man die reformgeschichtlichen und philosophischen Hervorbringungen, also den Rechtsstaat und die wissenschaftlich-philosophische Eminenz, betonte und dabei die Basis von allem, das Militärische schlechthin, vergäße. Als

Kant 1770 die bei Übernahme der Königsberger Professur für Logik und Metaphysik veröffentlichte Schrift *Über die Wesensgestalt und Gründe der sinnlichen und der vernunfthaften Welt* Friedrich dem Großen widmete, hatte sich das preußische Paradigma endgültig formuliert. Das Militärische im preußischen Paradigma erwies sich nicht zuletzt als entscheidend angesichts der napoleonischen Okkupation. Nur Preußen fand schließlich den Willen und die Macht zur Gegenwehr und zu einer nationalen Symbolik (Eisernes Kreuz, Fichtes Reden), wie immer das heute auch bewertet wird. Die entscheidende Basis dabei war das Paradigma des friderizianischen Preußen.

Intelligenz, Spiritualität und Bravour: Es kann heute mit einer gewissen Sicherheit konstatiert werden, dass die lange Zeit vorherrschende Ableitung des modernen deutschen Desasters vom preußischen Paradigma nach einer penetranten Geschichtsphilosophie riecht und dass in ihrer deduktionistischen Konsequenz das teleologische Konstrukt endgültig unseriös geworden ist. Die deutschen Politiker brauchten derlei nach dem Zweiten Weltkrieg. Man musste eine volksdidaktische Erklärung finden, und welche Erklärung wäre besser gewesen als die deduktionistische? Das berüchtigtste Ondit über Preußen ist der »Kadavergehorsam«. Die Beispiele des Verhaltens der preußischen Armee zeigen jedoch, dass die friderizianischen Offiziere nicht von blindem Gehorsam geleitet wurden, sondern gerade umgekehrt von der Selbstständigkeit des Urteils, das heißt der freimütigen Entscheidung in der jeweiligen Situation. Nichts lag Friedrich als Militär so sehr am Herzen wie die intellektuelle Fortbildung der jüngeren Offiziere, in unvorhergesehenen Situationen selbstständig zu handeln. Der Durchschnitt der preußischen Offiziere im Siebenjährigen Krieg war den Standesgenossen der anderen Armeen mental überlegen. Das war gewissermaßen der geistige Zugewinn des eigenen Notzwangs: ständig überraschen zu müssen.

Eine intellektuelle Substanz entstand so, aus der sich schließlich im 19. Jahrhundert der preußische Generalstab bilden konnte, neben der preußischen Universität das andere große Modell, nach dem in anderen Ländern bald gedacht werden sollte. Es waren ein Graf von der Schulenburg und seine Pairs, die zu Gericht über den jungen Prinzen Friedrich und seinen Freund Katte saßen, die das Ansinnen König Friedrich Wilhelms I., Todesurteile zu fällen, zweimal zurückwiesen. Es war der Reiterführer von Seydlitz, der, Friedrichs Befehl zur Attacke während der Schlacht bei Zorndorf missachtend, diesem bestellen ließ, der König möge ihm gestatten, vorerst seinen Kopf nach eigenem Gutdünken zu verwenden – nach der Schlacht könne der König über diesen Kopf nach seinem Gutdünken verfügen. Es war der General von der Marwitz, der ebenfalls nach Missachtung eines königlichen Befehls sich auf seine Güter zurückzog und auf dessen Grabstein zu lesen stand: »Er wählte Ungnade, weil Gehorsam nicht Ehre brachte.« Und es war schließlich der General von Yorck, der 1812 ohne Einwilligung des preußischen Königs seine Truppen aus dem französischen Heeresverband herauszog und einen Neutralitätsvertrag mit dem kommandierenden russischen General abschloss. Und das berühmteste Kriegsdrama der deutschen Literatur, Kleists *Prinz von Homburg*, handelt vom soldatischen Ungehorsam eines brandenburgischen Reiterführers.

Moralisierende, dem bundesrepublikanischen Prinzip des Mittelmaßes entspringende Urteile können heute das friderizianische Preußen nicht mehr diskreditieren. Das Problem von Friedrichs Preußen lag nicht in dessen Taten oder Eigenschaften, sondern in seiner schieren Existenz, die sich an Preußen-Deutschland vererbte: als Großmacht notwendigerweise eine Bedrohung für alle anderen geworden zu sein, das bekannte mitteleuropäische Mächtesystem zu sprengen, mit Folgen für die großen Randmächte des Ostens und Westens, Russland und Frankreich. Nicht von ungefähr wurde Ende des 19. Jahrhunderts der Siebenjährige Krieg Friedrichs als Generalprobe des zu erwartenden Ersten Weltkriegs gesehen, in dem Preußen-Deutschland abermals gegen eine europäische Koalition um sein Bestehen werde kämpfen müssen. In dieser Hinsicht wäre es gewiss besser gewesen, Preußen wäre nie entstanden, sondern das Kurfürstentum Brandenburg geblieben, Deutschland immer nur der altehrwürdige Bund von relativ harmlosen, wenn auch reaktionären Kleinstaaten mit ansehnlichen kulturellen Errungenschaften. In gewisser Weise hat die alte Bundesrepublik – das war sozusagen die geschichtsphilosophische Grundlage ihrer Existenz – genau dies wieder werden wollen, mit allen Konsequenzen kultureller und politischer Anspruchslosigkeit: in Anknüpfung an das Paradigma des Duodezfürstentums, angelehnt an die westliche Vormacht Frankreich. Eigentlich will man das, wenn auch nach Berlin versetzt, noch immer; aber irgendwie ist die rheinische oder bayerische Provinz entrückter, sie ist nicht mehr das selbstverständliche Maß aller Dinge. Das Reiterdenkmal Friedrichs des Großen, der wieder so heißen darf, steht Unter den Linden, und die Humboldt-Universität schämt sich dieser Nachbarschaft nicht.

Die Theatralisierung des Krieges

Wir wollen das preußische Königtum nicht verschwimmen sehen in der fauligen Gärung süddeutscher Gemütlichkeit.

Bismarck

Als der Oberst von Tresckow 1944 angesichts der prekären außen- und innenpolitischen Situation gegenüber seinen Mitverschwörern darauf drang, das Attentat gegen Hitler müsse unter allen Bedingungen und um jeden Preis ausgeführt werden, das heißt selbst mit der Aussicht auf Misserfolg, wählte er die französische Phrase »Coûte que coûte«. Damit war sprachlich sowohl die aristokratische wie die friderizianische Linie in Anspruch genommen. Französische Floskeln dieser Art hatte letztlich nur noch Fontane seinen altmärkischen Junkern in den Mund gelegt. Die neue Zeit, Weltkrieg und dann die Nazis, hatten sie vergessen gemacht. Es war hier die Sprachgeste des Frondeurs, aus preußischer Tradition gegen die aktuelle deutsche Führung zu handeln. In ihr drückte sich aber auch das Bewusstsein aus, innerhalb der deutschen Bevölkerung isoliert zu sein. Dem entsprach das entscheidende Argument: Wenn denn schon nichts mehr zu retten war, dann doch zumindest die Ehre. Mit diesem ganz und gar entfunktionalisierten Ehrbegriff, der im äußersten Gegensatz stand zu seiner Politisierung durch die Naziideologie, nicht zuletzt die SS, trat eine Ethik auf, die im Grunde von den Zeitgenossen nicht mehr verstanden wurde. Dagegen wurde Hitlers Replik, es handele sich um eine kleine Clique ehrloser Offiziere, noch immer von einer Mehrheit verstanden. Hitlers utilitaristisch-ideologischer Ehrbegriff war die Umkehrung des Ehrbegriffs, an den Tresckow appellierte.

War das aber nicht ein Anspruch, den das preußische Paradigma längst verspielt hatte, sei es in Gestalt des preußisch-deutschen Generalstabs 1914, sei es 1933 in Gestalt Hindenburgs am Tag von Potsdam, sei es spätestens in Gestalt der deutschen Armeeführung seit dem Angriff gegen die Sowjetunion 1941? Es ist ja immer wieder gesagt worden, dass die Verpreußung Deutschlands die Ursache für den Niedergang der Achtundvierziger-Tradition und die sich daran anschließende Verhinderung eines parlamentarischen Systems gewesen sei. Der Name für dieses Übel hieß Bismarck. Nun hat es, abgesehen vielleicht von der republikanischen Tradition Badens, nirgends in Deutschland eine politische Basis für die von den liberalen Demokraten erhoffte Entwicklung gegeben. Und: Was diese demokratische Entwicklung am Ende behinderte, war auch nicht die reaktionäre Haltung von Teilen der ostelbischer Agrarier, sondern der nationalistisch-pangermanische Zug eines Großteils des deutschen Bürgertums nach 1870/71, der in einer manchmal vehementen Kritik an Wilhelms II. angeblich anglophilen Tendenzen aufschien. Die Verquickung von Demokratieferne und außenpolitischer Aggressivität als typisch preußisches Amalgam ist jedenfalls eines der leicht widerlegbaren Elemente der negativen Preußen-Teleologie. Das populäre Gemälde vom schließlichen Hysterischwerden dieses aggressiven Preußentums konzentrierte sich vor allem auf den letzten Kaiser.

Dieser von seiner Herkunft, seinem Ehrgeiz und seiner Epoche überforderte Mann, nicht ohne Intelligenz, hat nicht so sehr das, was bis dahin preußische Tradition war, repräsentiert und fortgesetzt, sondern diese Tradition unter dem Einfluss der ästhetischen neunziger Jahre reichsdeutsch und populistisch in Rede und Auftreten theatralisiert. Darin unterschied er sich von seinem Großvater Kaiser Wilhelm I.

ebenso wie von Bismarck, die sich in Auftritt und Rede nicht reichsdeutsch, sondern eben preußisch gaben. Dabei spielte höchstwahrscheinlich die nach den preußischen Siegen über Österreich (1866) und Frankreich (1870/71) einsetzende Megalomanie der bürgerlichen Klasse eine entscheidende Rolle, da Wilhelm II. sich vor dieser Klasse zu bewähren hatte. Mit den Siegen über Österreich und Frankreich schien sein Großvater die Epoche Friedrichs zu wiederholen. Das Prestige der preußischen Armee und ihres Generalstabs hallte wider in Europa – bis zu ersten Reaktionen von Furcht und Besorgnis. Das deutsche Bürgertum konnte sich vor diesem militärischen Hintergrund an den Gemälden von Theodor Rocholl, Anton von Werner und Christian Sell patriotisch erbauen. Das Siegesszenarium der Schlachtfelder von Königgrätz und Sedan, besonders aber das als Nationalikone wahrgenommene Gemälde von der Proklamation des preußischen Königs Wilhelm I. zum deutschen Kaiser im Spiegelsaal von Versailles hat bei der Theatralisierung des kaiserlichen Auftretens und der kaiserlichen Rede seine Rolle gespielt. Wilhelm II. sah sich konfrontiert mit der ererbten Bescheidenheit, ja Ärmlichkeit des Stils der preußischen Könige, die seine englische Mutter zu arroganten Kommentaren provozierte, in der Stadt Birmingham gebe es mehr Geld als im ganzen Königreich Preußen.

Bekanntlich hat Wilhelm I. am Tage vor seiner Ausrufung zum deutschen Kaiser zu Bismarck gesagt, es werde der unglücklichste Tag seines Lebens sein, weil dann das preußische Königtum zu Grabe getragen werde. Es war eine Haltung, die unterschwellig Bismarck und mit ihm die Klasse der adligen preußischen Grundbesitzer teilte, weniger wohl die Offiziere des siegreichen Heeres. Diese Haltung äußert sich in dem Satz von Fontanes Schlossherrn Stechlin, dessen Kammerdiener an die alte preußische Schlossfahne einen roten Streifen annähen will, um so der neuen größeren Einheit des in Deutschland aufgegangenen Preußen zu entsprechen: »Lass. Ich bin nicht dafür. Das alte schwarz und weiß hält gerade noch; aber wenn du was rotes drannähst, dann reißt es gewiss.«

Mit dem Kaiserreich setzt eine Neuinterpretation Preußens ein, die sich vornehmlich in einer unhistorischen Emphatisierung Friedrichs ausdrückt. Hier sind vor allem vier Namen zu nennen: Friedrich Nietzsches spät vorgenommene Stilisierung Friedrichs des Großen zum »siegreich heraufgekommenen Typus des Deutschen« (*Jenseits von Gut und Böse*, 1886); Thomas Manns 1915 erscheinender Essay *Friedrich und die große Koalition*, Arthur Möller van den Brucks Interpretation des preußischen Baustils als genuin erhabener spartanischer Bauweise, die im Eklektizismus der Gründerzeit verraten worden sei (*Preußischer Stil*, 1916); und schließlich Oswald Spenglers Inanspruchnahme des »altpreußischen Stils« für eine neue Disziplin, wo Gefolgschaftstreue des sozialistischen Arbeiters für ein Ethos spreche, das im Widerspruch zur sozialistischen Idee stehe (*Preußentum und Sozialismus, 1919, Jahre der Entscheidung*, 1933). Man wird eine ähnliche Inanspruchnahme des historischen Erbes auch in Frankreich und selbst in England finden, aber nicht in solch stilisierter, ahistorischer Form. Solche Analogien zeigen, dass die Vorstellung von »Preußen« zum *entstellten* Paradigma geworden war. Der entscheidende Unterschied zur historischen Erinnerung einer nationalen Norm ist, dass bei der Inanspruchnahme des preußischen Modells durch moderne Intellektuelle eine Existentialisierung eintritt, die aus dem historischen Begriff Preußen ein beliebig verwendbares Signal macht.

So erkennt Nietzsche in Friedrich II. »jene gefährlichere und härtere neue Art der Skepsis«, die der »verwegenen Männlichkeit, welche dem Genie zum Kriege und zur Eroberung nächst verwandt ist«, nahekommt, Nietzsches Wort vom »in's Geistige gesteigerten Fridericianismus« ist charakteristisch für die nunmehr statthabende Aufladung einer historischen Gestalt mit dezisionistischer Spannung. Charakterisierungen wie »Unerschrockenheit des Blicks«, »Tapferkeit und Härte der zerlegenden Hand«, »zäher Wille zu gefährlichen Entdeckungsreisen, zu vergeistigten Nordpol-Expeditionen« beschreiben den intellektuellen Typus, den Nietzsche schon früher als »freier Geist« im Unterschied zu »Freigeist« emphatisiert hatte. Aber die Entfernung vom ursprünglichen Theoriekontext gibt diesen Ausführungen doch einen neuen, sehr viel politischeren, das heißt nationalpädagogischen Sinn: Die Deutschen sollen sich endlich unter den also verstandenen Friderizianismus stellen, vor dem »sich warmblütige und oberflächliche Menschlichkeits-Menschen … bekreuzigen«. Vereinfacht man solche Oppositionen – und welcher Leser von damals hätte sie nicht vereinfacht –, läuft Nietzsches Einladung zum erneuerten Paradigma »Friedrich der Große« auf Opposition gegenüber der aufklärerisch-zivilisatorischen Humanitätsidee hinaus. Friedrichs Größe, so in den nachgelassenen Fragmenten im April–Juni 1885, bestand in einer mephistophelischen Absage an die zarteren Tugenden der Gesellschaft, in der Kraft zur Einsamkeit, die sich vor der »Herde« abschirmt.

Sehr ähnlich argumentiert der frühe Thomas Mann, sozusagen schon mit Blick auf die Begriffe, die er in den *Betrachtungen eines Unpolitischen* entwickeln wird. Deutschland steht seit Herbst 1914 mit den europäischen Großmächten im Krieg. Thomas Manns Darstellung des Kampfes Friedrichs des Großen gegen Österreich, Russland und Frankreich soll als unmittelbare Parallele gelesen werden. Dabei stehen zwei Aspekte im Vordergrund des Interesses: erstens der Heroismus Friedrichs angesichts übermächtig erscheinender Gegner und einer europäischen Propaganda des Hasses. Zweitens die damit zusammenhängende Frage der preußischen Kriegsschuld, also die Frage, inwiefern Friedrichs Vorgehen defensiv oder offensiv gewesen sei. Die Bündnispolitik zwischen Österreich, Russland und Frankreich wird als Vorbereitung zur vollkommenen und buchstäblichen Vernichtung Preußens dargestellt, wobei Mann auf die Bündnispolitik Englands, Russlands und Frankreichs vor Ausbruch des Weltkriegs zielt: Es versteht sich, dass Thomas Mann die deutsche Verletzung der belgischen Neutralität als existenzsichernde Maßnahme billigt, so wie er die Verletzung der sächsischen Neutralität durch Friedrich den Großen billigt. In beiden Fällen habe es sich um eine Scheinneutralität gehandelt, der Preußen beziehungsweise Deutschland zum Opfer hätte fallen sollen und müssen, wäre Friedrich beziehungsweise der deutsche Generalstab dem nicht zuvorgekommen. Die propagandistische Quintessenz des Mann'schen Aufsatzes aber ist eine Erziehung gegen den »Hass und die Verachtung der ganzen Menschheit«, ja zum Bruch des Rechts, »sofern Recht eine Konvention, das Urteil der Majorität, die Stimme der ›Menschheit‹ ist«.

Nietzsche und Thomas Mann benutzen »Friedrich den Großen« als Begriff für den Blick nach vorn. Wilhelm II. war ihnen in dieser Perspektivierung nahe. Er hat sich selbst als zweiten Friedrich zu sehen gewünscht. Bei der Entlassung Bismarcks, die keine bloß irregeleitete gewesen war, gab es das ihm eingeflüsterte Motiv, aus Friedrich wäre nie »der Große« geworden, hätte ihm ein solcher Kanzler im Wege gestanden.

Das Paradigma wurde bei Nietzsche und Thomas Mann, bei Möller van den Bruck und Oswald Spengler aufgelöst, weil diese nicht mehr wie die älteren Hagiografien – für die populäre Nationalgeschichte des 19. Jahrhunderts steht hier vor allem Franz Kuglers *Geschichte Friedrichs des Großen* (1842) mitsamt den in jeder Hinsicht brillanten Illustrationen Adolph von Menzels – historisch blieben, sondern eine eminente Figur des 18. Jahrhunderts aus diesem herausnahmen. Eine solche entstellende gegenwartsbezogene Stilisierung liegt auch im Falle der Preußenliteratur der dreißiger Jahre vor, etwa Paul Ernsts *Preußengeist* oder Hermann Burtes' *Katte*, ganz im Gegensatz zu Jochen Kleppers Roman *Der Vater – Roman des Soldatenkönigs* (1937), in dem das altpreußische Paradigma mit tiefprotestantischer Religiosität identifiziert ist, das heißt solcher Aktualisierung gerade entgegengearbeitet wird.

Wenn man im preußischen Charakter des Wilhelminischen Reiches die Ursache für den Ausbruch des Ersten Weltkriegs sieht, entspringt das einer perspektivischen Täuschung. Die strukturelle Ähnlichkeit zwischen der Isolierung Preußens 1756 und Deutschlands 1914 gibt hierfür auch kein Argument. Sieht man sich die militärischen Taktiken, Bündnisse, Versicherungen, Drohungen aller beteiligten Mächte, vornehmlich seit den neunziger Jahren interesselos an, dann scheint die Schuld in der bloßen Existenz des Reiches, das heißt schon in der Reichsgründung selbst zu liegen, welche die Balance der Großmächte aus dem Gleichgewicht gebracht hatte, spätestens als die deutsche Industrie zu expandieren begann und so die traditionelle Bismarck'sche Sättigungspolitik unterlaufen wurde. Das war aber weniger eine Schuld als eher eine politische Erbsünde. Angesichts solcher Erbsünde zu leben hat Deutschland seitdem nicht mehr recht vermocht.

Die Schuld hatte einen deutschen, die Erbsünde einen preußischen Namen. Aber: Der gesponnene teleologische rote Faden, der von Friedrichs Überfall auf Schlesien über Bismarcks Emser Depesche bis zu Kaiser Wilhelms Kriegserklärung an Russland und Frankreich führt, ist wohl gerissen. Man hat gelernt zu sehen, dass solche aktualisierenden und ontologisch-moralisch wertenden Urteile im Grunde auf die gleiche, nur negativ gewendete Existentialisierung des preußischen Paradigmas hinauslaufen, wie sie Nietzsche und Thomas Mann vorweggenommen haben. Die entscheidende Erkenntnis dabei ist, dass die Dämonisierung Preußens, wie sie seit fünfzig Jahren betrieben worden ist, wieder einer historischen Sichtweise weichen wird, ohne dass man dabei seine Exzentrik und Brillanz unterschlägt.

Das Ende aller Kriege

> *Wir haben diese Tat auf uns genommen, um Deutschland vor namenlosem Elend zu bewahren. Ich bin mir klar, dass ich daraufhin gehenkt werde, bereue meine Tat aber nicht und hoffe, dass ein anderer sie in einem glücklicheren Augenblick durchführen wird.*
>
> Fritz-Dietlof Graf von der Schulenburg

Henning von Tresckow zeigte sich zu Beginn der dreißiger Jahre von der nationalsozialistischen Idee beeindruckt. Auch der Attentäter selbst, Claus Schenk Graf von Stauffenberg, erhoffte sich von den Nazis die große nationale Reform im Geist von 1813. Und der ihm unter den Verschwörern am nächsten Stehende, Fritz-Dietlof Graf von der Schulenburg, war über die dreißiger Jahre hinaus vom Nationalsozialismus als sozialer Bewegung fasziniert. Hierin liegt der entscheidende

Unterschied zu den mit Stauffenberg und Schulenburg befreundeten Regimegegnern innerhalb des Kreisauer Kreises: Helmuth James Graf von Moltke, Peter Graf Yorck von Wartenburg und Adam von Trott zu Solz, die sich sowohl in ihrer stark intellektuellen Prägung als auch durch angelsächsisch-internationale Bindungen vom eigentlichen national-militärischen Kern der Attentäter unterschieden. Während die Faszination bei Stauffenberg bis heute unklar und umstritten geblieben ist, der ja von Stefan Georges mystischem Nationalismus beeinflusst war und dies noch in seinen letzten Worten »Es lebe das heilige Deutschland« verriet, ist Schulenburgs politische Entwicklung deutlicher erkennbar.

Die Unterscheidung zwischen Paradigma und stilisiertem Paradigma ist in Schulenburgs Fall besonders aufschlussreich. Wie Nietzsche, Thomas Mann, Möller van den Bruck und Spengler aktualisierte er die preußische Tradition, das heißt er aktualisierte den Stil des preußischen Beamtentums im nationalsozialistischen Sinne, wie er ihn idealisierend verstand: als die Wiederkehr eines korporativen Berufsideals, bei dem innovatorische Leistung und rechtsstaatliche Unabhängigkeit sich mit einem neuen Dynamismus der Staatsverwaltung vereinigen sollten. Noch 1938, drei Jahre nachdem sich Schulenburg vom Verwaltungsapparat des Dritten Reiches distanziert hatte (beispielhaft im Brief vom 31. Dezember 1935 an den Gauleiter Erwin Koch), trug er seine Konzeption eines neuen Beamtentums in dem Vortrag »Das preußische Erbe und der nationalsozialistische Staat« vor.

Dass Schulenburg in der nationalsozialistischen Verwaltung überhaupt preußische Praxis wiedererkennen wollte, erklärt sich nur aus seinem Utopismus. In Anlehnung an Spenglers Idee von einem *Preußischen Sozialismus*, die wiederum von einem unpolitischen Zeitgeist des Jugendstils semantisch angesteckt war, sprach Schulenburg vom preußischen Staat als »Urform« und »Gesetz«, geleitet von »klar ordnendem Willen«, »strenger Ordnung«, »Befehl und Gehorsam«. Friedrichs des Großen politisches Testament von 1752 wird in diesem Sinne zitiert, und es wird von einem »deutschen Auftrag Preußens« gesprochen (obgleich Preußen diesen Anspruch sehr spät und Friedrich der Große nie für sich gefordert hat). Es ist zunächst die hämmernde Diktion des rigoristisch-idealisierenden Reformers, der glaubt, die Auflösungserscheinungen des Berufsbeamtentums der Weimarer Republik würden durch die rigoroseste Form nationalsozialistischer Revolution rückgängig gemacht.

Was Schulenburg am Nationalsozialismus anzog, war die Überzeugung, Weimar – er spricht immer von der »Systemzeit« – habe das »preußische Staatswesen planmäßig« zerstört, die »Grundkräfte des preußischen Staatsgedankens« unterhöhlt. Der Nationalsozialismus, das aber ist die Konsequenz des Gedankens, kann sich als Idee und Praxis nur so lange bewähren, als eine Wiederholung des preußischen Paradigmas gewährleistet ist: der zentralistisch regierte Beamtenstaat. In diesem Gedanken liegt die politisch entscheidende Divergenz zu den Ideen des Kreisauer Kreises, vor allem den verschiedenen Denkschriften Moltkes. Die dort entwickelte Konzeption, Machtpolitik und Zentralstaat zu überwinden und in der natürlichen Ordnung der freiheitlichen Individualität das Ziel zu finden, die zu gewährleisten die einzige Aufgabe des Staates sei, kontrastiert prinzipiell zu Schulenburgs Beamtenzentralismus.

Man hat beim Fortgang des Schulenburg'schen Vortrags von 1938 den Eindruck, dass diesem Zweifel bezüglich des Nationalsozialismus zugewachsen sind. Denn nunmehr spricht er nicht mehr in einer pseudopreußischen, das heißt konservativ-revolutionären und nationalsozialistischen Begrifflichkeit, sondern bezieht sich auf tatsächlich authentische Werte der altpreußischen Staatsethik: auf Verdienst und Leistung, Einfachheit und Freiheitlichkeit: »Mit Zwang ist nichts getan.« Er spricht von der Verantwortlichkeit vor dem Gewissen und Gott, nicht nur vor Staat und König als einer preußischen Tradition. Last not least erinnert der Vortrag an die preußische Justiz, vor der es kein Vorrecht gegeben habe, und spricht von der »Ehre« des preußischen Beamten, das heißt vom Prinzip, »um Ehre willen zu dienen«. Es liest sich wie ein letzter Appell des Adligen aus altmärkischer Tradition, der sich einem Projekt verschrieb, das sich als ein Trug herauszustellen begonnen hat. Im Grunde geht es um kein spezifisch nationalsozialistisches Programm, sondern um ein ständisch-elitäres, in dem kein demokratischer Gedanke anwesend war, sondern der friderizianische Grundsatz: »Alles für das Volk, nichts durch das Volk.«

Im Unterschied zu altpreußischen Regimegegnern wie Ewald von Kleist-Schmenzin handelte es sich bei Schulenburg, Moltke, Yorck und Trott um den Typus des nach Lösung der Klassenfrage suchenden Adligen. Aber keiner von ihnen hatte sozialistisch optiert oder hätte in einer bürgerlich-parlamentarischen Parteienkarriere seine Hoffnung gesucht, wäre eine solche möglich gewesen. Trotz der hohen Begabung, die sie alle auszeichnete, und der eminenten alteuropäischen Kultur neigten sie partiell zu irredentistischen, reichlich unausgegorenen politischen Eschatologien der zwanziger Jahre.[1] Schulenburg ist also derjenige, bei dem das entstellte preußische Paradigma zunächst am deutlichsten hervortritt. Die 1942 geschriebenen Briefe von der Krimfront an seine Frau sprechen vom Kolonialauftrag des deutschen Eroberers im Osten. Obwohl sowohl Friedrich der Große als auch Bismarck gegenüber Russland oder Polen ein alarmiertes Verhältnis unterhielten, gab es im alten Preußen keine imperialistischen Motive bezüglich des europäischen Ostens. Die Erwerbung polnischer Gebiete infolge der Teilungen hatte sich eher in der Form traditioneller Macht- und Sicherungspolitik vollzogen. Schulenburg unterscheidet in diesen Briefen den Typus des bürgerlichen Soldaten vom eigentlichen Krieger. Auch diese Unterscheidung stammt aus dem entstellten Paradigma: Zum einen ist die Rede vom »Künstlerischen, Spielerischen«, von der »leichten Entschiedenheit«, die für den adligen preußischen Offizier charakteristisch sei. Das artistische friderizianische Muster ist offensichtlich bei dieser Anregung. Dem entspricht die radikale Ablehnung der Heldenfiguren des Bildhauers Arno Breker. Zum anderen gibt das Wissen von der friderizianischen Schlacht der aktuellen Erfahrung ihr Passepartout: »Der Adel bringt wieder sein Blutopfer. Solange er das tut, hat er noch sein Daseinsrecht als staatstragende Schicht.« Wäre dies aber nicht das Eintreten des authentischen Paradigmas, hat nicht Friedrich II. selbst den preußischen Offizieren das Opferethos gesetzt, als er sie mit dem schon erwähnten Satz verabschiedete, man würde siegen oder sich vor den Batterien des Feindes begraben? Die Antwort lautet: Die Differenz zwischen Friedrichs Satz und dem Schulenburgs liegt abermals darin, dass Letzterer eine generalisierende Existentialisierung vornimmt, während Friedrich in einer bestimmten militärischen Situation auf taktische Entscheidung dringt, die nur mit aller Risikobereitschaft der preußischen Armee gelingen kann.

Erst wenn Schulenburg in undramatischer Weise von den einfachen Tugenden des Staatsdienstes, der Religion und dem Geist der Ehre spricht, den es zu beflügeln gelte, rekurriert er wirklich auf das preußische Paradigma. Es macht die eigentliche Würde aller Verschwörer aus, dass sich das Paradigma in seiner ursprünglichen Form bei der Motivation für das Attentat und in seinem Vollzug einstellt. Bei dem Motiv spielt die Wahrnehmung der mörderischen Aktionen der Einsatztruppen in Polen und Russland eine entscheidende Rolle. Tresckow hat den Befehl Hitlers, alle in Gefangenschaft geratenen russischen Kommissare sofort zu erschießen, gegenüber seinen kommandierenden Offizieren für null und nichtig erklärt. Für Axel von dem Bussche und Stauffenberg war die Erkenntnis der im Osten sich vollziehenden Verbrechen ausschlaggebend für ihre Entscheidung, sich dem Widerstand anzuschließen. Schulenburg, das bezeugen die Briefe, hielt den Kommissarbefehl zunächst für russische Propaganda und berichtet über seine Gespräche mit Kommissaroffizieren, die im Zuge der ihnen deutscherseits bewiesenen soldatischen Achtung ihre Furcht vor Erschießung ablegten. Als er die Möglichkeit erwägt, dass diese Angst doch begründet sein könnte, spricht Schulenburg davon, diese Befehle nicht auszuführen.

Die russischen Soldaten werden aus soldatischer Perspektive partiell anerkennend charakterisiert, »heldenhafter Geist« wird Offizieren wie sogar Kommissaren zugestanden. Der »bolschewistische« Typus dagegen wird als Gegenteil davon, als »bürokratisch-unfrei« eingeschätzt, wobei aber kein rassistisches, sondern ein sozialtypologisches Kriterium Anwendung findet, das sich auch bei der Unterscheidung deutscher Offiziere einstellt, wo die Kategorie des »Einfachen« und »Notwendigen«, des »Unerbittlichen« den »guten Typ« kennzeichnet. Schulenburg unterscheidet das deutsche Offizierskorps 1942 genauso, wie er die Beamtenschaft unterschied: nach dem stilisierten preußischen Paradigma; das heißt nach einem Ordensprinzip. Strukturell gibt es hier zweifellos Analogien zur Waffen-SS, die ja ebenfalls einen kämpferischen Idealtyp favorisierte, allerdings – und hier liegt der nicht vermittelbare Gegensatz – einen solchen, der politisch-ideologisch ausgerichtet ist, ohne Moral. Die Aufzählung deutscher Offiziere, die sich einer spezifischen Ehrtradition verpflichtet fühlen, die im Gegensatz stand zum politischen Ehrbegriff von SS und nationalsozialistisch geprägten Offizieren, ließe sich fortsetzen. Für die Offiziere des 20. Juli war dies ein Gesetz.

Schulenburgs Vortrag von 1938 beschloss der preußische Ehrbegriff. Marion Gräfin Dönhoff, die die Welt dieser Männer kannte und in unserer Welt lebt, konnte zu Recht sagen, dass deren moralisch-politische Tat, die in der deutschen Geschichte in singulärer Noblesse dastehe, »nie wirklich in das Bewusstsein der Deutschen eingegangen ist«.[2] Wenn man nicht nur das Motiv von so verschiedenen Männern wie Tresckow oder Trott zu Solz, sondern ihre Verhaltensweise nach der Entscheidung für die Verschwörung betrachtet, fällt die Erklärung für die Distanz der Nachgeborenen nicht schwer. Bei Ersterem, ganz Soldat, bei Letzterem, ganz Intellektueller – und zwischen diesen Polen kann man alle die anderen wiedererkennen –, trat das preußische Paradigma in seiner einfachen Form zutage, ohne die hier erörterte Stilisierung, mitsamt der spezifischen gesellschaftlichen Überlieferung, die es noch einmal ermöglichte. Besonders bei Trott zu Solz, bei Moltke und bei Yorck von Wartenburg hat dies nicht nur das aristokratische, sondern das in hohem Maße privilegierte kulturelle Milieu bewirkt. Es war zu gleicher Zeit intellektuell, ja spirituell und erzog trotzdem zum Patriotismus, zur Religion, zur Verantwortlichkeit und zum Opfer, und dies in einer Manier, die auf nicht zu dieser Schicht Gehörende schon damals abweisend wirken konnte.

Die gesellschaftliche Sonderstellung, die das preußische

Paradigma historisch ein letztes Mal ermöglichte, war überhaupt die Voraussetzung dafür, dass die Verschwörer so lange Zeit unentdeckt blieben. Sie unterlagen wegen ihrer privaten Ressourcen nicht der gleichen sozialen Kontrolle, die das NS-Regime auf den Durchschnitt der Bevölkerung ausübte, nicht zuletzt auf die akademischen Mittelschichten. Auf den Familienfotografien, auf denen die Verschwörer noch als junge Männer zu sehen sind, kann man mitunter eine Eleganz und Schönheit entdecken, wie man sie aus der eduardischen englischen Oberklasse kennt. Der Briefwechsel von Trott zu Solz mit der ihm in Zuneigung und kritischem Dialog zugetanen Oxforder Studienfreundin, der Journalistin Sheila Grant Duff, spricht ebenso sehr von dieser kulturell sich ausdrückenden Sensibilität einer untergehenden Klasse. Bis zum Ende haben die Parteiführer, so viel weiß man, bei allem Ressentiment, teils auch offen bekundetem Hass, vor dem aristokratischen Milieu eine gewisse Befangenheit an den Tag gelegt, woraus sich dessen erstaunliche Freiheiten erklären. Die Berliner Tagebücher der Marie »Missie« Wassiltschikow, einer aus der Sowjetunion verschlagenen russischen Adligen, geben den besten Eindruck von der herausfordernden Unabhängigkeit des Geistes und den Allüren, die Angehörige jener Familien, die direkt oder indirekt in das Komplott verwickelt waren – und das waren am Ende praktisch alle preußischen Familien Berlins –, an den Tag legten, was keinen Widerspruch bedeutet zur Erkenntnis, dass auch die Mehrheit dieser Schicht sich mehr oder weniger arrangiert hatte. Dass Maria von Gersdorff bis ins letzte Kriegsjahr ihren Berliner Salon unterhielt, in dem offenbar völlig ungeniert die Sprache der politischen Abweichung gesprochen wurde, wird nur aus dem Umstand verständlich, dass man sich unbeobachtet fühlte, weil die Spitzel des Regimes in diese Beletage nicht eindrangen.

Die von Gräfin Dönhoff betonte Reserve der Nachkriegsdeutschen, den 20. Juli betreffend, erklärt sich also zunächst aus dem Graben, den die Egalität einer neuartigen Klassenlosigkeit der westdeutschen Nachkriegsgesellschaft gegenüber einer Adelsschicht zog, die nichts zu tun hatte mit populären Erscheinungsformen des Illustriertenadels der Bundesrepublik. Sodann aber kommt das politische Verdikt hinzu, das diese Klasse zum Sündenbock für die erlittene Katastrophe umso mehr machte, als sie keine intellektuellen, geschweige politischen Verteidiger fand. Dies spielt auch in der jüngeren zeithistorischen und soziologischen Bewertung des 20. Juli eine Rolle. Ursprünglich gab es eine Bandbreite zwischen Hannah Arendts striktem politischem Verdikt von 1964 und Hans Rothfels' bewundernder, moralisch-politisch unspezifisch bleibender Wertung von 1948 und 1969, abgesehen von Hagiografien der fünfziger Jahre. In der dann einsetzenden, stärker ideologiekritisch orientierten Zeitgeschichtsforschung hat Hans Mommsen, die wichtigste kritische Stimme, immerhin zugestanden, man möge über den epochal und sozial zu erklärenden politischen Defiziten der Verschwörer nicht das geistige und charakterliche Format unter den Tisch fegen. In diesem Sinne ist auch die Arbeit Ulrich Heinemanns unternommen worden.[3] Tatsächlich nimmt sich angesichts dieses Formats der in der Sache zutreffende Einwand, die politisch-reaktionären Ideen der Verschwörer wären für die bundesrepublikanische Demokratie untauglich gewesen, als das Urteil eines kleinbürgerlichen Ressentiments aus, das häufig – soweit dies in der Alltagsdebatte erkennbar wird – bei Abkömmlingen nationalsozialistischer Elternhäuser anzutreffen ist, die mit ihrem negativen Urteil die Charakteristik ihrer eigenen Herkunft austarieren wollen.

Man wird auch den Eindruck nicht los, dass die Kaltblütigkeit, ja Aggression, mit der Männer wie Schulenburg vor ihren Nazirichtern auftraten, völlig außerhalb der Fassungskraft und Mentalität des urteilenden akademischen Milieus von heute liegt. Und dies ist nun nicht einfach der individuellen Begriffsstutzigkeit anzulasten. Es ergibt sich vielmehr notwendigerweise aus der Quelle solcher Charakterstärke, nämlich der Wiederkehr des preußischen Paradigmas, das den zum Tode verurteilten Verschwörern bei all ihrer Unterschiedlichkeit die gemeinsame Seelenstärke gab, von der ihr Auftreten und ihre letzten Briefe zeugen. Dieses Paradigma wirkt heute moralisch und politisch wie eine Legende aus Epochen, die seit Hunderten von Jahren vergangen sind: Es ist archaisch. Und darin liegt die historische Ursache für das notwendige Scheitern. Tresckows »Coûte que coûte« und Schulenburgs »Wir müssen uns opfern« entspringt einer Epoche, die historisch schon zu Ende gegangen war, sieht man am Horizont die angelsächsischen Soldaten mit einer anderen Idee von Menschlichkeit auftauchen. Wenn man die Gesichter der Verschwörer auf ihren letzten Fotografien betrachtet und den Gesichtsausdruck während der Gerichtsverhandlung vor Freisler, fällt einem Bertolt Brechts Satz ein: »Unglücklich das Land, das Helden nötig hat.« Das ist wohl der tiefste Grund für unsere Entfernung von ihnen: Wir leben inzwischen unter ganz anderen sozialen Codices, die manchmal auch schwierig sind; aber es sind keine heroischen mehr. Das preußische Paradigma wiederzuerinnern, nicht als eine Karikatur, sondern als eine kulturelle Norm, die historische Größe besaß und unsere Geschichte geprägt hat, gehört zum politisch wie wissenschaftlich diskutierten Projekt, überhaupt Geschichte zu erinnern.

Der Mut zur Wahrheit: Hamlet

Hamlet – der Außenseiter. Diese Identifikation ist buchstäblich wahr. Hamlet steht und sitzt immer am Rande der Gesellschaft, deren Prinz er ist. Er sitzt am Rande des Hofkreises. Und er geht außerhalb des Hofkreises. Wenn er nicht mit seinem Freund Horatio spricht, steht und geht Hamlet alleine, bevor ihn ein Mitglied des Hofes aufspürt. Schon diese physische Charakteristik weist auf die exzentrische Stellung Hamlets hin, bevor er sie ausspricht. Er ist der erste und berühmteste Außenseiter in unserer kulturellen Erinnerung. Gewiss gab es Außenseiter vor ihm, im richtigen Leben und in der Literatur. Aber erst Hamlets Theatralizität macht das Außenseitertum objektiv und historisch attraktiv, nicht zuletzt für die vielen Insider, die ihn seit vierhundert Jahren im Theater sahen und ihn zu einer Ikone ihres kulturellen Bewusstseins machten. Dass David Riesmans Unterscheidung zwischen Angepassten und Autonomen unter der Bedingung einer sogenannten außengeleiteten Gegenwart Ende der fünfziger Jahre für Intellektuelle so wichtig wurde – ähnlich wichtig wie der existentialistische Freiheitsbegriff oder negativ Arnold Gehlens zur gleichen Zeit veröffentlichter Essay *Die Seele im technischen Zeitalter*, eine Kritik des »auf sich selbst zurückgefallenen Innenlebens« –, das hat mit der Bedeutung dieser Präfiguration im europäischen, nicht zuletzt deutschen Geistesleben zu tun.

Nonkonformisten sind meistens Außenseiter, aber nicht jeder Außenseiter ist ein Nonkonformist. Dieser Unterschied liegt im Umstand begründet, dass der Außenseiter erst nonkonformistisch wird, wenn er sein Außenseitertum, seine Abweichung von der konformen Meinung begründet. Und zwar nicht bloß als Ausdruck seines psychologisch-kognitiven Andersseins, sondern als ein Argument, das auf Dauer nicht bloß für seinen Sprecher gilt. Insofern impliziert das abweichende Angebot des Nonkonformisten immer auch eine mögliche zukünftige Konformität.

Was aber macht den Außenseiter Hamlet zum Nonkonformisten? Unter den unterschiedlichen Eigenschaften, die ihm von Goethe und Friedrich Schlegel, von Coleridge und A. C. Bradley, von Sigmund Freud, Josef Kainz, John Gielgud und Peter Brook zugeschrieben wurden, mag man sich entscheiden können für den Träumer oder den Psychopathen, den Passiven oder Aktiven, den Denker oder Täter, wie man mag. Zwei Eigenschaften hingegen sind unabdingbar, stellt man sich Hamlet als psycho-geistige Größe vor: Melancholie und Zynismus. An Hamlets Melancholie und Zynismus lässt sich der Charakter seines Nonkonformismus näher erklären. Und das umso mehr, weil beide Charakteristika nicht als psychologisch-mentale Haltungen von außen beschrieben, sondern als Sprachhandlung des Helden selbst zu fassen sind. Dieser äußert sich in seiner Redeweise über seinen abweichenden Gemütszustand hinaus dahingehend, dass er die Gründe im objektiven Weltzustand findet und sie aggressiv benennt.

Die Theatralizität von Hamlets Melancholie, das heißt die symbolische und metaphorische Intensität seines Auftritts als melancholischer Akteur, ist mit der ersten Hofszene quasi für die Gänze des Stücks installiert. Hamlet spricht selbst in den ersten Sätzen in dieser Hofszene vom Schwarz der Farbe, nicht bloß der Farbe seiner Kleidung, sondern seines Gemütszustandes. Nun ergibt sich hier sofort ein Problem: Ist nicht gerade die Melancholie der für die Renaissance im Allgemeinen und für den Höfling dieser Epoche im Besonderen gültige Geisteszustand? Das ist so jedenfalls von Robert Burtons *The Anatomy of Melancholy* (1621) bis Walter Benjamins *Ursprung des deutschen Trauerspiels* (1928) gesehen worden. Nicht zuletzt auch in zeitgenössischen Gemälden, auf denen jüngere Angehörige der englischen Aristokratie im schönen Gestus der Schwermut zu sehen sind. Vor allem Burtons Charakteristika der Melancholie und des Melancholikers könnten diese gerade als eine Mode des Zeitalters und ihre Ausdrucksträger als Repräsentanten dieser Mode, also das Gegenteil individuellen Andersseins, zeigen, ganz zu schweigen vom nichtkonformistischen Anderssein.

Nun gibt es jedoch unter Burtons melancholischen Eigenschaften eine sehr spezifische, die ihn vor den normalen Zeitgenossen auszeichnet: nämlich seine große Empfindlichkeit gegenüber moralischen und physischen Desastern seiner Zeit. Der Übersetzer der deutschen Ausgabe von Burtons Werk, Ulrich Horstmann, hat das auf den für unsere Frage springenden Punkt gebracht: dass sich die Melancholie Burtons nämlich nicht auf die Illusionen der Realitätssüchtigen einlässt – Schwermut ist Erkenntnis eines metaphysisch zu verortenden Abgrunds, Das sah Nietzsche ähnlich, wenn er die dionysische Wahrnehmung des Leidens mit Hamlets Blick auf die Welt vergleicht.

In diesem Sinne ist Hamlets Melancholie also schon bei Burtons genereller Charakteristik der Epochenschwermut als individuelle Kapazität vorbereitet. Zwar gibt es auch in Shakespeares Dramen einen generellen Melancholiediskurs, einen konventionellen, wenn man so will, wie der Monolog des skeptisch räsonierenden Jacques in *As You Like It*. Aber diese generellere Lesart kann Hamlets Melancholie als singuläre nicht verdecken. Was ist nun das Singuläre an ihr? Schon die ersten Wortwechsel Hamlets mit dem König und der Königin, seiner Mutter, machen das klar. Er unterbricht die jeweilige Situation und Welterklärung seiner Gesprächspartner durch eine Korrektur. Des Königs Anrede an ihn als Sohn beantwortet er mit einem Wortspiel zwischen den englisch gleichklingenden Wörtern für »verwandt« und »freundlich« sowie der Anspielung, zu sehr in der Sonne zu stehen.

Was er damit polemisch ausdrückt, bleibt verhüllt: dass nämlich die verwandtschaftliche Nähe durch die Heirat des Onkels mit der Mutter größer geworden ist, aber die Freundschaftlichkeit umso geringer. Während der König sofort die Situation als eine konventionelle und ebendeshalb auch als konventionell zu beantwortende beschreibt und die Königin diese Aufforderung in der Charakteristik der Regel, dass alle Menschen sterben müssen, wiederholt, versagt sich Hamlet radikal und gleichzeitig semantisch zweideutig diesem Angebot seiner Gesprächspartner. Das, was ihnen »common« im Sinne von üblich, normal gilt, das ist für ihn »gemein« im Sinne von gewöhnlich, verachtenswert.

Die eigentliche Begründung für Hamlets Ablehnung des konventionellen Verständnisses der Situation folgt in seiner unmittelbar folgenden Unterscheidung zwischen »Sein« und

»Schein«, bezogen auf seine Melancholie: Die äußere Erscheinung von etwas ist kein Garant für eine innere Wahrheit. Solche sinnlichen Zeichen können auch gespielt werden. An einem Ort, an dem jeder Auftritt auch ein Spiel ist – das Stück selbst inszeniert im zweiten und dritten Akt Theaterthemen –, heißt solche Kritik am äußeren Schein eine spezifische Kritik am sozialen und politischen Ambiente des Hofes. Inwiefern Hamlets nicht bloß äußere Trauer, sondern innere Melancholie als eine Abwehr vom normativ gebotenen Verhalten eben die Position des Außenseiters markiert, zeigt auch die Reaktion des Königs darauf: Eine solche Melancholie spreche gegen alle Forderungen der Religion, der Vernunft, der Natur und des höfischen Benehmens. Auch Hamlets Absicht, an die lutherische Universität in Wittenberg zu gehen, ist Ausdruck eines solches Dissenses gegenüber dem politisch Gebotenen.

So weit der Status des sozialen Außenseiters. Die Kraft des Nonkonformisten, die hinzutritt, drückt sich vor allem aus in der sprachlichen Finesse, in der die Wahrheit hinter dem Schein gesucht wird. Hamlet weiß seit der Eröffnung durch den Geist seines Vaters, dass er einem Mörder gegenübersitzt. Das ganze Stück wird von der Absicht getrieben, die letzte Wahrheit, die letzte Sicherheit über diesen Mord herauszukriegen, den Schein zu entlarven. So vollzieht Hamlets melancholische Selbstidentifikation immer auch die aggressive Fremdidentifikation: Die Sprache, die die anderen gebrauchen, ist nicht nur nicht seine Sprache, sondern sie ist eine falsche Sprache. Und der melancholische Gestus entwickelt den subversiven Verdacht gegen die Welt, indem der Sprachstil immer die Doppeldeutigkeit von Sprache thematisiert. Dadurch wird das jeweils übliche, konventionelle Verständnis einer Bezeichnung hintertrieben durch ein anderes.

Für den Status der Melancholie Hamlets sind zwei Szenen ikonisch geworden: der »To be or not to be«-Monolog und die Ansprache Hamlets an Yoricks Schädel. Auch hier wird hinter dem kontemplativen Allgemeinplatz sonorer Sterbe- und Todesthematik noch etwas anderes deutlich, das der melancholischen Rede das energetische Moment des nichtangepassten Sprechers gibt. Es wird dadurch, dass man meint, hier werde Hamlets Zögern als Thema des Stücks reflektiert, verstellt. Obwohl das Selbstmordmotiv schon im ersten langen Monolog Hamlets angekündigt ist, führt es in die falsche Richtung, darin vor allem eine Selbstmordabsicht ausgedrückt zu sehen. Schon im Monolog, der wünscht, das allzu feste Fleisch schmölze dahin, ist die Verdammung der Welt als ein von Unkraut besetzter Garten die eigentliche Pointe. Die Ermordung des edlen Vaters durch einen Unhold, der dessen Bruder ist und der die Mutter heiratet, ist das Beweisstück für diesen Zustand der Welt. Diese Auffassung der Welt ist ebenfalls eine zentrale Thematik des Monologs »To be or not to be«. Die Erwägung, nicht zu sein, kommt ja aus der Einschätzung des Seins als einer »See von Plagen«. Was dann als einzelne Übel genannt wird, ist nicht etwa subjektive Beschwernis, sondern politisch verursacht. Die Liste von Verletzungen, die dem Einzelnen von Mächtigen angetan werden, zeigt das. Die Mächtigen sind die Elite, zu der Hamlet eigentlich selbst gehört: der Unterdrücker, der Stolze, der Amtsgewaltige. Von ihnen gehen Beleidigungen und Verächtlichmachungen aus, die der verdiente Mann zu ertragen hat – oder auch nicht.

Der Selbstmord scheint bei dieser Thematik nur eine hypothetische Alternative zu sein. Es ist offensichtlich Hamlets Ansicht, es zeuge von einem nobleren Geist, sich gegen die Übel dieser Welt zu bewaffnen und sie zu beenden, indem man ihnen opponiert. Hier spricht der Melancholiker nicht als der von des Gedankens Blässe Angekränkelte, sondern als einer, der die Schwäche dieser Position geradewegs entfaltet. Es ist ein einseitiges, der romantischen deutschen Tradition folgendes Verständnis der Hamlettragödie, sie stelle einen Mann dar, der sich aus dem Grunde allzu großer Reflexion nicht entscheiden könne. Unbestreitbar ist ja, dass Hamlet direkt oder indirekt, bevor er schließlich den König tötet, schon vier Menschen umbringt: Polonius, Rosenkranz und Güldenstern, Ophelia. Das spricht nicht für einen der Tat nicht Fähigen. Und die zweifelnde Skepsis ist charakteristisch auch für Shakespeares eindeutige Täterfiguren, so für den König selbst oder für Macbeth. Insofern ist Hamlets Melancholie nicht der notorische Ausdruck von Inaktivität. Hamlets stürmische Subjektivität verhindert das.

Harold Bloom hat diese Subjektivität in dem Sinne ausgelegt, die Hamlets Melancholie als nonkonformistische Aggressivität noch besser erscheinen lässt.[1] Dabei wird auch das exemplarische Charisma der Hamletfigur offenbar, das erst ermöglicht, dass man von seiner Gestalt über die Jahrzehnte poetisch und philosophisch affiziert worden ist: Wenn Hamlet das Leid des Einzelnen vor allem in der Verhöhnung durch die Mächtigen sieht, dann ist damit auch unmittelbar die Passion Jesu aufgerufen, des Archetyps der Nichtangepassten. Hamlets Subjektivität besteht nun darin, in ständiger Bewegung der Gedanken buchstäblich auf der Lauer zu liegen, der Herausforderung der Norm etwas entgegenzusetzen.

Die wichtigste Form dieser Subjektivität ist die Heftigkeit der Suche nach der Wahrheit, die Hamlet von den anderen trennt. Hamlets Melancholie, unmittelbar Reaktion auf des Vaters Ermordung und der Mutter Heirat, mittelbar die Reflexion über den Zustand der Welt, enthält also neben dem selbstreferentiellen Ausdruck der Isolation vor allem das Element einer nach außen gerichteten radikalen Kritik am Bestehenden, das selbst leitmotivisch bewusst gemacht ist als »the rotten state of Denmark«. So sehen wir also in der schwarzen Farbe, zu der sich Hamlet bekennt, das Zeichen eines Widerspruchs, der sich täglich erneuert. Und diese Erneuerung zeigt sich am energetischen Tonfall, in dem er mit seiner Umgebung oder zu sich selbst alleine spricht. Insofern transzendiert Hamlets Melancholie deren psychoanalytische Beschreibung als eines passiven Zustands, eines radikalen Ich-Verlusts, wie ihn Sigmund Freud in *Trauer und Melancholie* fälschlicherweise auch für Hamlet in Anspruch nahm.[2]

Denn eine Maske ist diese Melancholie wohl nicht, wie sehr Hamlet auch gezielt vorgeben mag, wahnsinnig zu sein. Wenn immer er von seinem Wahnsinn spricht, dann eindeutig in einem anderen Sinne als diejenigen, die ihn wirklich für wahnsinnig halten, also vor allem Polonius, Ophelia, die eigene Mutter – nicht aber der König. Der andere Sinn heißt: Subversion der höfischen Konvention, nicht zuletzt im Gespräch mit Rosenkranz und Güldenstern. Dazu bedarf es des sprachlichen Witzes, auf den noch zurückzukommen sein wird im Zusammenhang des zweiten Mediums des nonkonformen Verhaltens, des Zynismus. Eine Spur davon ist schließlich im abschließenden Ornament der Hamlet'schen Melancholie in der Totengräberszene zu erkennen. Dass diese nicht als Ikone eines bloß kontemplativen Innewerdens des Todes in der Memento-mori-Tradition zu verstehen ist, springt unmittelbar aus der witzigen Performance der Szene hervor. Die beiden Totengräber, die Hamlet trifft, ohne zu wissen, dass sie die Beerdigung Ophelias vorbereiten, heißen im Original »clowns«. Ihre semantische Geistesgegenwart, ihr Wortwitz wird von Hamlet sogar als eine Herausforderung des eigenen

Vermögens dieser Art verstanden, die traditionelle Totenandacht durch pietätlose Witze und materialistische Zweifel zu unterlaufen.

Zynismus als Dissens

Melancholische Rede als Distanzierung der Umgebung und ihrer Weltsicht – und das immer im Namen einer Wahrheitssuche, die die Wahrheit der anderen als Konvention denkt. Diese das einzelne Selbst gegenüber den anderen statuierende Redeform wird noch spezifischer als soziale Fremderklärung erkennbar, wenn man auf Hamlets durchgehend zynischen Umgang mit allen Hofpersonen schaut. Der Tötung des Polonius, dem Hinrichtungsbefehl für Rosenkranz und Güldenstern und dem Selbstmord Ophelias gehen ja ausführliche Dialoge voraus, in denen Hamlet seine späteren Opfer nicht nur geistig bloßstellt und intellektuell überfordert, sondern in denen er vor allem Konvention und konventionelle Attitüden, hier immer wieder die des Höflings, ausstellt. Das zieht sich als ein Leitmotiv des ganzen Dramas bis zum Ende der Unterhaltung Hamlets mit dem Courtier Osric durch das Stück.

Es kommt wie im Fall der melancholischen Rede auf die einzelnen Wortspiele und Gleichnisse an, welche die jeweiligen Kommentare zum sozialen Rollenspiel in ihrer Pointe, dem Wahrheitskriterium, erkennen lassen. Bei diesem Rencontre ist Hamlet durchweg in der Situation eines, der von seinem Gegenüber beobachtet, möglichst entlarvt wird und der dies weiß und sein Gegenüber dementsprechend ebenfalls behandelt, das heißt der durchschauten Täuschung eine andere Täuschung entgegensetzt. Insofern haben wir es mit der Thematik einer klassischen Szene der von Machiavelli beschriebenen höfischen Intrige zu tun. Erst aber durch Hamlets Redeform, seine spezifische Waffe gegenüber den Vertretern der Konvention, wird das deutlich, worauf sich seine Abweichung eigentlich gründet: auf die Differenz von Lüge und Wahrheit. Polonius' Versuch, Hamlet zu ködern, wie ein Fischer die Fische fängt, ist die Handlung eines nicht ehrlichen Mannes. Hamlets weitere Erklärung, dass die vielen Nichtehrlichen »wie von der Sonne in einem Aas ausgebrütete Maden« sind, versteht Polonius nicht. Diese Maden, so Hamlet, werden von der Sonne, nämlich der Macht, sogar noch geküsst: Hamlet kommt nicht los von seiner von Anfang an angeschlagenen Polemik gegen die Macht.

Die Mischung aus Sarkasmus, Zynismus und brutaler Aggression zeichnet die beiden Gesprächsszenen mit den Höflingen Rosenkranz und Güldenstern in besonderer Weise aus, wobei das Thema »Was ist Wahrheit?« vollends ins Zentrum rückt. Hier kommt hinzu, dass die beiden vom König Gesandten, um Hamlet auszuforschen, selbst durchaus eine harmlose Form der metaphorisch geschliffenen Rede beherrschen. Sie ist bei ihnen gerade der Ausdruck weltgewandter Eingängigkeit und Mittelmäßigkeit. Abermals ist die Ehrlichkeit oder Unehrlichkeit der Welt die Frage, mit der die Unterhaltung beginnt. Sie entscheidet sich schon an der differenten Einschätzung Dänemarks beziehungsweise der Welt als Gefängnis. Dass es nur für Hamlet ein Gefängnis ist, erklärt Rosenkranz mit einem biederen Kompliment: weil Hamlets Geist notwendigerweise alles zu eng fände. Hamlets Geist ist in der Tat nicht der gebotene Geist der Höflinge. Er bringt sie durch die Pression seiner Rede schließlich sogar zum Geständnis dessen, was sie bindet: die Ausforschung, was zu nennen ihnen Hamlet aber sogar abnimmt, indem er das Thema seines großen Monologs ankündigt. Dabei setzt sich die Überforderung seiner Gesprächspartner dadurch fort, dass er einerseits die Schilderung der Schönheit der Erde und des Menschen – eine Schilderung, der ein jeder gerne affirmiert – umwandelt in die Summierung von Hässlichkeit und Nichtigkeit; dass er andererseits dieses radikale Diktum mit dem Hinweis auf seine üble Gemütslage erklärt, also mit der Selbstdenunziation dessen, worauf die beiden Höflinge eben aus sind.

Diese zeigen in ihrer nachträglichen Information des Königs, dass sie Hamlets Sätze nur unter dem Gesichtspunkt möglicher taktischer Floskeln, teils aus Schläue, teils aus Verwirrung, zu beurteilen imstande sind. Die Essenz des Gesagten ist ihnen gänzlich entgangen. Selbst zum Ansatz einer Erklärung – dass Hamlets Negativität zu beziehen wäre auf seine Einschätzung des Königs – sind sie nicht fähig, und dies deshalb nicht, weil sie Repräsentanten einer Realität sind, mit der sie ganz einverstanden sind und von der aus sie sich eine davon distanzierte Position nicht vorzustellen vermögen. In einer von Shakespeares hintergründigsten und großartigsten Beschreibungen höfischen Verhaltens als Funktionalisierungsversuch des Gegenübers heißt es, die Höflinge wollten auf ihm wie auf der Flöte spielen, können es aber nicht: hier das Geheimnis Hamlets, dort die konventionelle Neugier; hier der verächtliche Stolz eines Unkorrumpierten, dort die banale Anstrengung eines nach allen Regeln des Auftrags von dritter Seite Bemühten.

Hamlet vergleicht den Höfling mit einem Schwamm. So wie der Schwamm das Wasser einsaugt, so saugt der Höfling die Gunstbezeugungen und Befehle des Königs ein. Es ist eine vortreffliche Charakterisierung aller nachfolgenden Befehlsempfänger bis zum intellektuellen Konformismus heutiger Szenen. Und der Höfling ist zu dumm, den Vergleich mit dem Schwamm zu verstehen. Ähnlich lächerlich macht Hamlet des Königs Gesandten Osric ob dessen Unterwürfigkeit und manierierten Benehmens. Es ist aber nicht bloß eine persönliche Invektive, sondern in Osric will Hamlet alle diesem Ähnlichen in ihrer Lächerlichkeit identifizieren. Hamlets Drama ist der Prozess einer endgültigen Entfernung vom Hof. Das heißt von den ihm durch Geburt und Klassenzugehörigkeit auferlegten Gesetzen des Verhaltens und Denkens. Deshalb handelt es sich nicht um ein Rachedrama, sondern um das Drama einer radikalen Entfremdung.

Hamlets Sarkasmus, am stärksten angekündigt im Gespräch mit Polonius und mit Ophelia, wird beendet in seiner grotesk sich gebenden Antwort auf des Königs Frage, wo Polonius' Leiche sei: »Beim Nachtmahl«. Die nachgelieferte Erklärung, dass es nicht Polonius sei, der speise, sondern der gespeist werde, ist der Höhepunkt von Hamlets intellektueller Blödelei gegenüber dem sich ernst gebenden falschen Anstand. Blutige Witze im Umgang mit dem polemischen Personal sind also gefragt. Wenn der König schließlich den Mordplan gegen seinen Neffen enthüllt, ist dessen objektive Gefährlichkeit als Aggressor ausgedrückt. Hamlet hat sich aus der Sphäre des bekannten Zusammenhangs herausgeredet (und herausgehandelt). Den Wahnsinnsverdacht hat der König ohnehin nie wirklich ernst genommen

Worin genau besteht die Gefährlichkeit Hamlets? Dieser bezeichnet sich bei der Begegnung mit Laertes am Grab Ophelias selbst als gefährlich, genauer: er habe etwas Gefährliches in sich. Das lässt sich natürlich als gezielte dramaturgische Antizipation des bevorstehenden blutigen Endes verstehen. Aber ebenso als die Selbsterklärung eines, der sich als jemanden erkennt, der etwas prinzipiell anderes als die übrigen Menschen der Gesellschaft ist. Diese sind ihm, einer nach dem anderen, als Vertreter der Unwahrheit und der Banalität vorgekommen. Wenn man ausschließlich auf eine Dramatik des Genres Rachedrama wartet, entgeht einem der Prozess dieser Enthüllung der Gesellschaft als Lüge: Das ist der eigentliche Prozess des Dramas. Daraus erklärt sich auch die ansonsten überraschende Länge der Theater- und Schauspielerthematik des zweiten und dritten Akts. Seine dramaturgische Funktion liegt in der endgültigen Entlarvung des Königs als Mörder.

Darüber hinaus aber ist es die Entfaltung der Welt als Schein, die Hamlet schon im ersten Gespräch mit seiner Mutter thematisiert. Er begegnet dieser Erkenntnis mittels einer Semantik, die das konventionell Angenommene oder das real Vorgetäuschte der anderen ablehnt beziehungsweise anders benennt. Die dabei verwandten, zugleich enigmatischen, also auch zynischen Wortspiele überfordern das jeweilige Gegenüber, so dass es eigentlich nie zu einer wirklichen Kommunikation kommt. Was formal Dialoge sind, sind in der Sache Monologe Hamlets. Metaphorische Verfremdung des Themas und zynische Sprechhaltung dienen gemeinsam dieser Selbstisolation auf der Suche nach dem wahren Grund des Seins. In dieser Radikalität liegt Hamlets Gefährlichkeit.

Die Aktualität von Melancholie und Zynismus

Treten wir zurück: Das Charisma Hamlets hat über vierhundert Jahre nachgewirkt. Dass es an der beschriebenen nonkonformistischen Individualität liegt, die solche Nachwirkung erklärt, zeigt sich auch an einem generellen literaturgeschichtlich-rezeptionsästhetischen Umstand: Hamlet eröffnet in der beschriebenen Individualität eine Reihe des romantischen Helden, der in Miltons Luzifer, in Emily Brontës Heathcliff und Stendhals Julien Sorel – um die besonders Repräsentativen zu nennen – den Typus des Isolierten, des Nichtintegrierten, aber auch des Aufrührers für die nachfolgenden Generationen attraktiv machte, da solche Abweichung immer mehr dem Zwang zur sozialen Anpassung verfiel. Gerade die Karriere des Gegentyps im realistischen Roman Balzacs, Flauberts oder Fontanes, die Darstellung des angepassten Karrieristen bestätigt die Attraktion des oppositionellen Typs. Die Idee der Autonomie blieb aber das anthropologisch-gesellschaftliche Ideal bis hin zur Soziologie der fünfziger Jahre des letzten Jahrhunderts. Ist es aber auch unter radikal moderner Intellektualität noch zugelassen worden? Dafür bieten sich, unmittelbar bezogen auf die Hamletfigur, zwei Kronzeugen an: Charles Baudelaires Identifikation mit Hamlets Melancholie im 19. Jahrhundert und Michel Foucaults Wiederentdeckung des Zynismus im letzten Drittel des 20. Jahrhunderts.

Baudelaire, der neben Nietzsche wohl folgenreichste Ästhetiker der Moderne, hat die Figur Hamlets in den *Fleurs du mal* als Heros des von der Gesellschaft verspotteten Dichters dargestellt. Baudelaire ahmte in dem Gedicht *La Béatrice*, das im Namen von Dantes Ideal sich an die eigene treulos gewordene Geliebte richtet, Hamlet in der melancholischen Version nach. Möglicherweise stand ihm auch das Gemälde des von ihm bewunderten Malers Delacroix vor Augen. Entscheidend in unserem Zusammenhang ist, dass der moderne Dichter sich ausgesetzt sieht wie Hamlet in seinem berühmten Monolog, verfolgt von Spott und der Verachtung, wenn nicht der Mächtigen, so doch der Menge des banalen Publikums.

Baudelaire modernisiert das Thema, indem er den Spott der Menge gegenüber dem Vereinzelten eben als Spott gegenüber dessen Hamletgestus in Szene setzt. Damit wird die Frage nach der Möglichkeit und Zulässigkeit Hamlets als Identifikationsfigur des Außenseiters und nichtkonformistischen Helden unter der modernen Bedingung aufgeworfen. Hamlet, der Nachgeahmte, wird im Spott der Menge als »entlaufener Komödiant und Hanswurst« identifiziert, der seinen Part nur kunstreich zu spielen wisse. Das könnte man sogar von Hamlet selbst sagen, denn, wie man sah, sein schauspielerischer Charakter ist auch ein Thema der Tragödie.

Baudelaire hat also die eigene Isolation zum einen mit der Isolation Hamlets gleichgesetzt, zum anderen diese Gleichsetzung der Kritik des zeitgenössischen Publikums ausgeliefert. Da er dieses verächtlich als »Horde von Dämonen«, als »boshaft neugierige Zwerge« charakterisiert, wird sofort deutlich, dass deren Karikatur des nachgeahmten Hamlet auch nur als Symptom aufgefasst ist: als Symptom eben der Angepassten. Demgegenüber stellt der Dichter seinen eigenen Stolz heraus, der nicht zu brechen ist, abgesehen von der Pointe, dass die eigene Geliebte sich mit der spottenden Menge verbündet hat. Das ist ein spezifisches Leitmotiv der *Fleurs du mal* und hier von Belang, als es die Thematisierung der Opposition des modernen Dichters als Hamlet und der ihn in dieser Rolle verhöhnenden Menge zuspitzt. Baudelaires Gedicht hat also Hamlets Melancholie mit einer spezifisch poetologischen Reflexion als nonkonformistischen Zustand aktualisiert.

Er hätte allerdings Hamlets dazu nicht bedurft. Die Melancholie oder der Ennui, unser erstes Kriterium einer nonkonformistischen Mentalität, leitet ja alle Gedichte der *Fleurs du mal.* Auch ohne Baudelaires Bezug auf die Hamletfigur zeigt sich, dass dessen erste Qualität ein wichtiges Ausdrucks- und Denkmittel desjenigen ist, der seine Epoche für konformistisch – und dies eben notwendigerweise – versteht. Baudelaire hat als aktuellen Gegentyp zum Konformisten den Dandy genannt, dem er charakteristischerweise auch satanische Züge beilegte, in Anspielung auf Miltons Luzifer, den melancholischen Aufrührer. Auch Hamlet lässt sich als Dandy vorstellen, wenn man ausschließlich seine zynischen Elemente sieht. Aber Baudelaire sah vornehmlich in ihm die melancholischen und behielt die zynischen dem Dandy als letztem, sozusagen reaktionärem Heros in der neuen Massengesellschaft vor.

Es ist nicht zufällig, dass der Zynismus, unser zweites Charakteristikum, hundert Jahre später als nonkonformistische Handlung wiederentdeckt wird. Dabei ist es auch nicht überraschend, dass sein Erfinder Michel Foucault, selbst ein Außenseiter, zum Theoretiker des nonkonformistischen Diskurses wurde. In seinen 1983/84 gehaltenen Vorlesungen *Der Mut zur Wahrheit* kommt Foucault auf die intellektuelle Haltung zu sprechen, die am Beispiel sowohl von Hamlets Melancholie als auch seines Zynismus als die eigentlich treibende Kraft erkannt wurde: nämlich anstelle der Lüge der Gesellschaft die Erkenntnis ihres wahren Wesens, ihrer Wahrheit zu setzen, und zwar unter Gefahr. Foucault charakterisierte die philosophische Form, die Wahrheit zu sprechen, mit dem altgriechischen Wort »parrhesia«. Dessen strukturelle Merkmale sind: Offenheit, Engagement, Risiko. Die Parrhesia entwickelte sich seit dem Denken von Sokrates und Platon bis zur kynischen Lehre: Die freie, offene Rede, ohne Rücksicht auf die mögliche Reaktion des anderen, ist das, was Foucault den parrhesiastischen Pakt nennt. Wenn man zurückschaut auf die windigen Reden von Hamlets Höflingen, dann kann man sagen: Sie sind das Gegenteil dessen, was die parrhesiastische Rede darstellt. Sie vollzieht sich schon bei Sokrates in einem Zirkel von Wahrheit und Tapferkeit. Der Höhepunkt wird nach Foucault in den Texten der Kyniker erreicht, vor allem in der Existenz des Diogenes von Sinope.

Wir erinnern uns, wie Hamlet nicht bloß die angepasst-konventionelle Rede der Höflinge bloßstellt, sondern wie er zu deren Irritation seine eigene emotionale Lage zweideutig-offen reflektiert: Das wäre ein Beispiel für Freimut unter der Bedingung des möglichen Skandals. Ebendies sieht Foucault in der kynischen Manifestation: die Ausübung des Skandals der Wahrheit, das Ausagieren der wilden »Gegenwart der Wahrheit«. Dabei nimmt die Freimütigkeit des antiken philosophischen Kynismus eine Wende zu jener Form, die wir heute Zynismus nennen und die zweifellos in Hamlets Reden schon Gestalt angenommen hat. Der am Rande der höfischen Gesellschaft Stehende ist einerseits einer universalen Wahrheitsfrage nahe, andererseits praktiziert er sein existentielles Dasein. Die Pointe der Parrhesia, die den Kyniker beziehungsweise Zyniker auszeichnet, ist, dass sie praktisch ins Leben tritt. Das ist Foucaults wichtigster Punkt: Wahrheit als eine Form des risikoreichen Lebens selbst. Es geht am Ende also nicht bloß um das Aussprechen der Wahrheit, sondern um die unumwundene Rede, wo alles Übliche ansonsten sehr gewunden ist. Erst dadurch lässt sich von der Wahrheitsrede als Mut sprechen.

Nonkonformismus also als zynischer Mut zur Wahrheit, und Hamlet erscheint hierdurch nochmals als Kandidat eines solchen Nonkonformismus. Damit ist die Aktualität von Foucaults Interesse an der Parrhesia erwiesen. So wie Baudelaire die Hamletfigur aufruft für eine notwendige, aber selten gewordene zeitgenössische Tugend, die er im Typus des Dandy vorführt, so ist auch Foucaults kulturkritisches Interesse letztlich kein philosophiehistorisches, sondern ein moralisch-politisches: Die aktualisierende Konzentration zeigt sich auch daran, dass er die deutschen Autoren Paul Tillich (*Der Mut zum Sein*, 1953), Arnold Gehlen (*Moral und Hypermoral*, 1969) und Klaus Heinrich (*Parmenides und Jonas*, 1966) zitiert als Zeugen einer existentiellen Selbstbehauptung beziehungsweise Selbsterschaffung. Dabei zeigt sich bei den deutschen Autoren eine eher negative Abgrenzung des modernen Zynismus vom antiken Zynismus, die Foucault nicht übernimmt. Denn er sieht den Skandal, das heißt die aus der Wahrheit lebende Existenzform, als das Entscheidende auch am antiken Kynismus – nicht einfach den beliebigen Individualismus eines jeden, wie das die deutschen Denker betonen. Foucault hat den seit der Französischen Revolution sich immer erneuernden revolutionären Aktionismus im Auge, wenn er an die aktuelle Fortsetzung des antiken Kynismus glaubt. Mit anderen Worten: Die Möglichkeit eines kynischen Lebensstils ist in Form der skandalösen Offenbarung einer inakzeptablen, weil offiziell verbannten Wahrheit gegeben.

Es zeigt sich, dass Nonkonformismus aus der Perspektive Foucaults nicht mehr als anthropologisch-existentielle Möglichkeit zur Verfügung steht, sondern nur noch unter einer spezifischeren Bedingung: nämlich unter der Bedingung radikaler revolutionärer Politik oder unter der Bedingung des radikalen Künstlers. In den achtziger Jahren gehorchten diese beiden nonkonformistischen Programme aber schon einer parareligiösen Mentalität, die sich eigentlich nicht wirklich gedanklich darzustellen weiß. Wie also Hamlets Melancholie und Hamlets Zynismus über seine geistesgeschichtlich-kulturphysiognomische Dignität hinaus für die Zukunft eines modernen Nonkonformismus in Anspruch nehmen?

Das geht nur dann, wenn man Foucaults radikal-utopisches Programm verabschiedet. Anders ausgedrückt: Hamlets Nonkonformismus ist als Verhalten auch heute denkbar, wenn man ihm den emphatischen Anspruch nimmt. Das ist natürlich nicht jedermanns Sache. Andererseits ist es aber auch nicht jedermanns Sache, die Rolle des Angepassten als ein historisches Schicksal zu akzeptieren. Dass es über der Alternative, autonom oder angepasst zu sein, seit Riesmans Unterscheidung noch immer einen Disput gibt, das macht den Fall Hamlet weiterhin attraktiv für den Versuch einer Nachahmung. Jedenfalls sind die Güldensterns und Rosenkranz' täglich im Betrieb zu beobachten. Zuerst ist es Melancholie, die sie wahrnimmt. Dann aber hätte der Zynismus die Chance, sich ihrer zu erwehren und sie intellektuell zu entlarven.

Stil treibt Gesinnung aus: Heinrich Heines politische Prosa

Noch etwas über Heinrich Heines Kombination von Zeitkritik und Stil zu sagen heißt eigentlich, Eulen nach Athen zu tragen. Schon die unmittelbar ihm zuschauenden liberalen Literaten der dreißiger Jahre des 19. Jahrhunderts, voran Ludolf Wienbarg und Heinrich Laube, haben das Zeitgeistige seiner Prosa mit einschlägigen Charakteristika benannt: Diese Prosa sei nicht bloß dem freiheitlich-politischen Engagement entsprungen, sondern vollziehe sich als »verborgenes Räderwerk des Geistes«, sei ein stilistisches Manöver (Wienbarg) und gipfele in der »Poesie« eines »aktuellen Geschichtswerks«. Das eine, also der politische Affront, sei nicht ohne das andere, die spezifische Form, zu haben. Von Beginn an also gab es deutsche Intellektuelle, die die Dialektik von Ästhetik und Politik in Heines Schriften erkannt und bewundert haben – um es mit dem Titel von Albrecht Betz' 1971 erschienenem Buch zu sagen,[1] das neben Wolfgang Preisendanz' Analyse von Heines ambivalenter Ironie, Robert C. Holubs Einsichten in Heines mythologische Metaphorik und Rolf Hosfelds Analyse von Heines dionysischer Ästhetik – um einige zu nennen – zum Relevanten gehört, was zur breiteren Thematik dieser Konferenz gesagt werden könnte.

Die Dialektik von Heines Politik und Ästhetik beginnt man am ehesten einzusehen, wenn man die Subjektivität seiner Ironie als eine Ironie a priori versteht. Sie nämlich ist es, die verhindert, dass der scharfsinnigste Diagnostiker der französischen und deutschen Gesellschaftsverhältnisse nach der Julirevolution von 1830 auf eine politische Gesinnungsprosa verfiel, wie sie Heine am Beispiel seines Landsmanns und Pariser Emigrationsgefährten Ludwig Börne 1840 gnadenlos und partiell ungerecht ausgestellt hat: nämlich als eine »Wahrheitsliebe«, die von politischer Naivität behindert würde.[2] Dass Heines Ironie über die Börne zugeschriebene Naivität auch der gesamten linken Emigration aus Deutschland galt,[3] hat den Hass der deutschen Rechten um den Hass der deutschen Linken erweitert.[4] Aufschlussreich ist die Wortwahl der Freunde Börnes nach Veröffentlichung von Heines Börne-Buch: Patriotische und moralische Entrüstung ist der Grundtenor,[5] bei dem sich die deutschnationale und die linksliberale Presse kaum unterschied, und auch Friedrich Engels hat Heines Börne-Buch als infam eingestuft: ein Verräter an der Sache der deutschen Liberalität. Die Charakteristik der Börne-Vertrauten Jeannette Wohl-Strauss[6] legt die Perspektive für über hundert Jahre fest: »keine Seele«, kein »Ernst«, »Affektion«, »kein Philosoph«, ein »Aristokrat«. Kein Wunder, wenn man Heines Beschreibung der deutschen Emigranten von Paris im Buch über Börne nachliest: Sie bestünden aus »rohen Händen«, nicht aus »feinen Köpfen«,[7] sie predigten »eine neue Überzeugung«, die sie »mit deutschem Glauben« einsögen. Heines Ironie gegenüber dem linken Populismus der deutschen Emigranten gipfelt in dem Satz, dass er »wenn mir das Volk die Hand gedrückt, sie nachher waschen werde«.[8]

Die nach dem Zweiten Weltkrieg ausgebrochene akademische Sympathie für Heinrich Heine sollte nicht den Umstand verschleiern, dass die genannten Ausfälle gegen ihn noch immer breite hiesige Mentalitäten beschreiben würden und dass Heines oben zitierter elitärer Gestus noch immer provokativ wirken könnte. Dabei galt diese Provokation ja nicht der revolutionären Position selbst, sondern ihrer Phrase jenseits von Realitätserfassung. Es scheint mir nicht ausgemacht, dass sich dies im Zuge der aktuellen Tendenz zu populistisch-plebejischen Bekenntnissen geändert hätte. Insofern ist Heines direkte oder ambivalente Ironie als Quelle seiner Dialektik von Ästhetik und Politik noch immer provokativ. Das Herausfordernde an ihr ist – das hat Preisendanz herausgestellt – ein meta-ironischer Zug, der dieser Ironie jede »Eindeutigkeit und Stabilität«[9] nimmt. Die Identifikation mit einer bestimmten politischen Position wird subversiv untergraben.

1. Ein gegen-Hegel'scher Begriff von »Gegenwart«

Nun ist das eigentlich kein gedankliches, sondern ein ästhetisches Malheur. Denn man sollte als engagierter Intellektueller erwarten dürfen, dass derjenige, der sich politisch äußert, zumal in einer nichtfiktionalen Prosa, klar und deutlich sagt, was er meint. Genau das aber hat Heinrich Heine nicht getan. Oder sagen wir es etwas komplizierter: Sein Stilbewusstsein – man kann es auch ironisches Ethos nennen – hat es nicht gewollt, hat es nicht gekonnt, hat es durchkreuzt. Bekanntlich war das Kriterium und Kennwort von Heines Kritik an reaktionären Haltungen, vornehmlich an Repräsentanten der romantischen Kunst, der Begriff »Gegenwart«.

Schon seine berühmt gewordene Polemik in *Die Bäder von Lucca* (1830) gegen den vielgelesenen, berühmten Lyriker Graf August von Platen galt einem Künstler, den Heine nicht bloß wegen dessen epigonalen, der sogenannten »Kunstperiode« verhafteten Stils, sondern auch als Figur des feudalkatholischen Milieus Münchens verachtete, dem die Gegenwart verloren gegangen sei. Die Ironisierung Platens als homosexuellen Schöngeist war nur ein Element der zunehmend bösartig werdenden Polemik, bei der Platens antisemitisch-klerikale Verbündete – vor allem der Kirchenhistoriker Ignaz Döllinger – als Zielscheibe noch wichtiger wurden.[10] Abgesehen vom Motiv einer Karrierekonkurrenz ist Heines Angriff strategisch gegen das aristokratisch-plutokratische Milieu gerichtet, dem die gesamte Satire von *Die Bäder von Lucca* gilt. Das war zehn Jahre vor dem Börne-Buch geschrieben, und es mochte sich und mag sich mancher fragen, ob da eine politische Veränderung vor sich gegangen war: Vom politisch Engagierten von 1830–35 zum ironisch Desillusionierten von 1840. Genau solche Unterscheidung verfiele aber eben dem Missverständnis, das der Komplexität von Heines »Gegenwarts«-Bewusstsein nicht Rechnung trüge.

Die besondere Zielscheibe des Kriteriums »Gegenwart« waren im zweiten Buch der *Romantischen Schule* Friedrich und August Wilhelm Schlegel. In seiner ursprünglich für eine französische Leserschaft geschriebene Kritik der deutschen Romantik heißt es über Friedrich Schlegel: »Fr. Schlegel war ein tiefsinniger Mann. Er erkannte alle Herrlichkeit der Vergangenheit und fühlte alle Schmerzen der Gegenwart. Aber er begriff nicht die Heiligkeit dieser Schmerzen und ihre Notwendigkeit für das zukünftige Heil der Welt. Er sah die Sonne untergehn und blickte wehmütig nach der Stelle dieses Untergangs und klagte über das nächtliche Dunkel, das er heranziehen sah; und er merkte nicht, dass schon ein neues Morgenrot an der entgegengesetzten Seite leuchtete. Fr. Schlegel nannte einst den Geschichtsforscher einen ›umgekehrten Propheten‹. Dieses Wort ist die beste Bezeichnung für ihn selbst. Die Gegenwart war ihm verhasst, die Zukunft erschreckte ihn, und nur in die Vergangenheit, die er liebte, drangen seine offenbarenden Seherblicke.«[11]

Es sei hier übergangen, dass der Vorwurf des Gegenwartsverlusts unterschlägt, dass es der nämliche Friedrich Schlegel gewesen ist, der im Namen einer neuen Gegenwart die Ästhetik der »Neuen Mythologie« dreißig Jahre zuvor entworfen hat. Das sei, wie es war, und hat die delikate Pointe, dass Heine seinen eigenen Vorläufer im Ironie-Diskurs unterschlägt. Entscheidend für uns aber ist hier: Das Argument, keine »Gegenwart« zu besitzen, zielt auf eine spezifische geistige Deklassierung. Damit wird den einstigen Häuptern der romantischen Schule nicht nur für die Jetztzeit, sondern für ihre ganze Epoche kategorial das hermeneutische Organ intellektueller Wahrnehmung abgesprochen. Das war für Friedrich Schlegel und seinen Nachruf ein tödlicher Vorwurf. Dass Heine damit die spezifisch politische Terminologie von Friedrich Schlegels Denken der neunziger Jahre völlig übersah, als Schlegels frühromantisches Pathos der Zeit ebenjener »Gegenwarts«-Emphatik, die Heine das Kriterium der Kritik liefert, vorgedacht hat, gehört wahrscheinlich zu den instinktiven Absicherungen des jüngeren Romantikers gegenüber dem älteren Vorfahr. Dass Friedrich Schlegel einst ebenso dem Bewusstsein von einer Zeitenwende, das Heinrich Heine prägte, die Sprache verliehen hat, dieser Sachverhalt ist in Heines Polemik in sein Gegenteil umgekehrt. Ebenso August Wilhelm Schlegel wird mit dem Kriterium der Gegenwart konfrontiert: »Hinlänglich begriffen hat Herr Schlegel den Geist der Vergangenheit, besonders des Mittelalters, und es gelingt ihm daher, diesen Geist auch in den Kunstdenkmälern der Vergangenheit nachzuweisen, und ihre Schönheiten aus diesem Gesichtspunkte zu demonstrieren. Aber alles, was Gegenwart ist, begreift er nicht; höchstens erlauscht er nur etwas von der Physiognomie, einige äußerliche Züge der Gegenwart, und das sind gewöhnlich minder schöne Züge; indem er nicht den Geist begreift, der sie belebt, so sieht er in unserem ganzen modernen nur eine prosaische Fratze.«[12]

In der nachdrücklichen Benutzung des Wortes »Gegenwart« als Kriterium erkennt man Hegels geschichtsphilosophischen Einfluss. Bekanntlich heißt Philosophie für Hegel, die gegenwärtige Zeit zu verstehen. Der Begriff »Gegenwart« ist ein zentraler in Hegels Metaphysik, wie es Heine aus der Einleitung zu den *Vorlesungen über die Philosophie der Geschichte* hat ersehen können, wo vom »Lebensgefühl«, der »Gegenwart unserer Zwecke und Interessen«[13] als perspektiveleitender Blick auf die Weltgeschichte gesprochen wird. Noch wichtiger für Heines Emphatisierung des »Gegenwarts«-Begriffs werden jene Seiten der Vorrede von Hegels *Phänomenologie des Geistes* gewesen sein, wo die Rede ist von »unserer Zeit« als einer Zeit der »Geburt« und des »Übergangs zu einer neuen Periode«, wodurch das Bisherige in die »Vergangenheit« versenkt werde[14] und eine »neue Welt« wie ein »Blitz« erscheine.[15] Ohne dass Heine die begriffliche Struktur des Hegel'schen Wortes »neu« beziehungsweise »neue Welt« hätte verstehen müssen, genügte es, sich dieses Wort »unmittelbar« anzueignen. Es ist zu wiederholen, dass Friedrich Schlegel, dem ebendiese Kategorie als intellektuell ihn vernichtende entgegengehalten wird, diese mit fast gleichem Wortlaut erfunden hat (*Über das Studium der griechischen Poesie*) und Hegel eigentlich in der Schuld dessen stand, den er glaubte im Namen der neuen Wirklichkeit übersehen zu können. Schließlich wird Heines Verständnis der »Gegenwart« als Kriterium des intellektuellen Bewusstseins auch durch Hegels *Vorlesungen über die Ästhetik*, die er in Berlin gehört hatte, beeinflusst gewesen sein. Denn dort werden

Wörter gewählt, die direkt in Heines Wortschatz übergegangen sein könnten, etwa die Redewendung »Durst nach dieser Gegenwart«.[16] Und als ob es darum gehe, den neuen realistischen Literaturtypus einzuleiten, heißt es bei Hegel: »Der Mensch will in seiner Gegenwart das Gegenwärtige selber, wenn auch mit Aufopferung der Schönheit und Idealität des Inhalts und der Erscheinung.«[17] Aber, wie wir sehen werden, folgte Heine dieser historischen Bedingung gerade nicht. Zwar hat er Hegels Leitmotiv vom »Prosaischen« der Gegenwart als Codewort der historischen Diagnostik übernommen, es aber ironisch dialektisch mit dessen Gegensatz, dem Erhabenen, verbunden.

Die Gegenwart hat eine Funktion in Hegels geschichtsphilosophischer Spekulation auf Zukunft. Auch Heine kehrt die Kategorie des Zukünftigen, wie wir hörten, gegen Friedrich Schlegel: Sie erschrecke diesen. Mehr noch: Heine begründete die »Schmerzen« der Gegenwart sogar im Sinne Hegels als »notwendig für die Zukunft«.[18] Aber das Blatt wendet sich ihm schließlich gegen solch eine teleologische Konsequenz. In dem kurzen, post mortem veröffentlichten Text *Verschiedene Geschichtsauffassungen* richtet sich Heine gegen die utopisch-idealistische Einsicht der »philosophischen Schule«, also Hegel, die sage, dass ein Goldenes Zeitalter vor uns liege. Heine widerspricht im Namen »unserer lebendigsten Lebensgefühle«, auf dass »die Gegenwart ihren Wert behalte, und dass sie nicht bloß als Mittel gelte, und die Zukunft ihr Zweck« sei.[19] Es folgt die charakteristische Auslegung: »Das Leben ist weder Zweck noch Mittel; das Leben ist ein Recht. Das Leben will dieses Recht geltend machen gegen den erstarrenden Tod, gegen die Vergangenheit, und dieses Geltendmachen ist die Revolution.«[20]

Diese Verteidigung der Gegenwart nicht nur gegen die

Vergangenheit – das ist die Romantik –, sondern auch gegen die Zukunft – das ist der Idealismus – läuft auf eine anarchistisch-sensualistische, ja ästhetische Identifikation politischer Kategorien hinaus: Wenn die Revolution essentiell nichts anderes ist als die schiere Expression des »Lebens«, dann fallen ideologisch-parteipolitische Identitäten. Es handelt sich sogar um eine Vorahnung von Nietzsches Kategorie des Dionysischen. Es entspricht dieser dionysischen Affinität der Revolutionswahrnehmung, dass Heine an dieser Stelle von den »Bacchantenzügen der Französischen Revolution« spricht, ja von »Thyrsus schwingenden Korybanten der Freiheit und Gleichheit«, von »bockfüßigen Satyrgestalten«, von »Mänaden der Guillotine mit flatterndem Haar«, von den durch »göttlichen Wahnsinn« berauschten Scharen, die ihre neuen Götter, Danton und Robespierre, mit dem dionysischen Ruf »Evoi« begrüßen.[21] Alle Charakteristika der dionysischen Religion werden in *Lutetia* genannt.

Dabei ist erkennbar – das ist nun entscheidend für die anarchisch-sensualistische Auffassung der Revolution als unmittelbarer Lebensausdruck –, dass es sich bei dem mythologischen Vokabular nicht bloß um vergleichende Metaphorik handelt: Die revolutionären Massen werden in Wirklichkeit als Dionysosjünger erfasst, nicht bloß mit solchen verglichen. Die dionysische Charakteristik der Februarrevolution von 1848 ist schon vorbereitet in der Darstellung der republikanischen Insurrektion von 1832. Schon in den *Französischen Zuständen* ist die Rede von den todesmutigen Studenten als »Bacchanten der Freiheit«, die ihre geschmückten Stäbe wie »Thyrsen schwingen«,[22] wobei die metaphorische Funktion noch vorherrscht, zumal die antikischen Analogien sich mehrheitlich auf die griechische Heroenzeit beziehen. Aber, wie noch zu zeigen sein wird, die Revolution ist selbst immer als explosive Szene erfasst. Die Identifikation mit dem dionysischen Rausch wiederholt sich in den variierten Hinweisen auf Tänze »wie auf einem Vulkan«,[23] auch in der Zeit zwischen den Revolutionen. Der Tanz auf dem Vulkan ist inkorporiert im Cancan, den Heine für seine deutsche Leserschaft der Augsburger *Allgemeinen Zeitung* durch auf Spannung angelegtes Zögern nur andeutet. Nämlich als Verhöhnung des »Edelsten und Heiligsten«, seien es »die geschlechtliche Beziehung« oder die »bürgerlichen Tugenden der Vaterlandsliebe«. Es handele sich um eine »dämonische Lust bis zum Ungeheuerlichen« gesteigert.[24] Hier musiziere »Beelzebub mit vollem Orchester« und »das freche Höllenfeuer der Gasbeleuchtung« zerreiße einem die Augen.[25]

Es ist also eine archaische Dynamik, in der sich das revolutionäre Gegenwärtige darstellt. Sie bedarf keiner inhaltlichpolitischen Legitimation. In einem solchen Ausdruck der Gegenwart verschiebt sich die ursprünglich wirkende Hegel'sche Diagnose der »neuen Zeit«, die Heines berühmte Abschiedserklärung von der Goethe'schen Kunstperiode bestimmt hat. Die schiere Phänomenalität des Ereignisses wird erkennbar. Die Zeit ist Ereignis, und so Heines Stil, der sich definitiv nicht mehr um politische Gesinnungen kümmert, sosehr er aus seiner Sympathie für das Gegenwartsereignis – und das ist die ewige Revolution – kein Hehl macht.

2. Der Stil der Vergegenwärtigung: Charakteristik

Heines »Gegenwartsenthusiasmus«[26] ist ausgedrückt in seiner Charakteristik von Revolution und revolutionären Stimmungen. So in seinen beiden Zeitungsberichten (für die Augsburger *Allgemeine Zeitung), Französische Zustände* von 1832 und *Lutetia* von 1840/43 sowie in den Berichten über die Kunstausstellung von 1833. Diesen Charakteristiken des Revolutionär-Vorgängigen geht hermeneutisch immer ein Apriori voraus, das man kennen muss, um die Gegenwartsemphase richtig einzuordnen: Heines Verständnis des jeweils revolutionären Vorgangs als ein Teil der ewigen Revolution: Die Große Revolution von 1789/95 ist noch nicht zu Ende, wie er nach zwanzigjähriger Beobachtung 1840 feststellt:[27] »Die vorige Revolution? Nein, die Revolution ist noch ein und dieselbe, wir haben erst den Anfang gesehen und viele von uns werden die Mitte nicht überleben.« Das ist die Variation eines ähnlichen Satzes aus den *Französischen Zuständen.*[28] Was er meint, ist: dass es ein Irrtum sei anzunehmen, das Ziel sei erreicht, also die bürgerliche Finanz- und Parlamentsrepublik. Nein, die Revolutionsgeschichte sei erst abgeschlossen, wenn die soziale Revolution erreicht sei. Das ist die kühle Diagnostik nach der romantischen Evokation des jakobinischen »Ça ira, ça ira« im Buch *Le Grand* von 1826, nach der enthusiastischen Erwartung des Ausbruchs der Julirevolution von 1830, die Heine bewegte, für immer nach Paris zu gehen, und schließlich nach der eigenen Erfahrung der Pariser Aufstände von 1832.

Wenn Heine die Radikalisierung der Revolution so charakterisiert, dass sie den deutschen Leser erschrecken soll, dann heißt dies nicht – hier ein kapitales Beispiel für seine ambivalente Ironie –, dass er sich selbst mit dieser Aussicht identifiziere: So wie er in *Lutetia* schließlich feststellt, dass dem Kommunismus, dem, wie er sagt, »düsteren Helden«, die Zukunft gehöre, er selber diese Zukunft aber fürchte, da man mit »rohen Fäusten« seine »geliebte Kunstwelt«, seine »phantastischen Schnurrpfeifereien«, seine »Lorbeerwälder« zerschlagen werde,[29] so erklärt er in den *Französischen Zuständen* mit charakteristischer Zweideutigkeit: »Ich liebe die Erinnerung der früheren Revolutionskämpfe und der Helden, die sie gekämpft, ich verehre diese ebenso hoch, wie es nur immer die Jugend Frankreichs vermag, ja, ich habe noch vor den Juliustagen den Robespierre und den Sanktum Justum und den großen Berg bewundert – aber ich möchte dennoch nicht unter dem Regimente solcher Erhabenen leben, ich würde es nicht aushalten können, alle Tage guillotiniert zu werden.«[30] Es ist Heines rhetorischer Trick – eine Form von vielen ironischen Formen –, die Evokation der vergangenen oder zukünftigen Revolution einerseits wie eine Monstranz hochzuheben, sie andererseits aber weit von sich zu halten. Er erlaubt sich, einerseits dem revolutionären Paris seine Zärtlichkeit zu zeigen, andererseits aber für die Folgen nicht eintreten zu müssen. Was kurz als geschichtsphilosophisch verbürgte Teleologie der Revolution erscheint, wird qua Darstellung und Stil wieder zurückgenommen.

Dieser Dekonstruktion des Pathos der Revolution und des eigenen revolutionären Pathos entspricht nämlich die Darstellungsform spezifischer Pariser Augenblicke. Es sind viele Augenblicke, die Heine zwischen 1831 und 1848 zu Pariser Augenblicken macht. Entscheidend ist dabei: Sie sind nicht dargestellt als die äußere Form eines politisch-ideellen Verhalts namens Revolution, wie das bei Börne der Fall wäre. Vielmehr sind sie in ihrer schieren Augenblicklichkeit erfasst, wobei der Heroismus der jungen Revolutionäre, nicht ihr politischer Glaube, zur Faszinationsstrategie der Darstellung wird: Genaue Zeit- und Ortsangaben präjudizieren die jeweilige Szenendarstellung, die oft sogar einen fantastischen Zug bekommen, weil Heine darauf aus ist, wie er selbst es nennt, ein bloßes »Ereignis« zu betrachten.[31] Gegenwart heißt also, das ist deutlich geworden, nicht im Hegel'schen Sinne Repräsentation des auf ein Telos bezogenen Zeitgeistes, Gegenwart heißt die Vitalität des Ereignisses.

Ereignishaft wirkt die Charakteristik des »geheimnisvollen Fahnenträgers« am 6. Juni 1832, der am Point Austerlitz die rotschwarz umfranste Fahne vor dem Lamarque'schen Leichenzug trug, von Heine beschrieben, als ob er von einer der unheimlichen Figuren Achim von Arnims spräche, die er in der *Romantischen Schule* emphatisch hervorheben wird. Ereignishaft ebenso die Charakteristik des Endkampfs in der Rue Saint-Martin: »Sie wurden größtenteils mit den Bajonetten erstochen, von den Nationalgardisten. Einige Republikaner traten, als der Widerstand vergebens war, mit entblößter Brust ihren Feinden entgegen und ließen sich erschießen … Man eroberte nur ein Zimmer voller Leichen.«[32] Ereignishaft der Blick eines kleinen Jungen auf seinen »toten Bruder«, wie er »schweigend wie angewurzelt stehen bleibt«.[33] Oder ein »junges Mädchen«, das schreiend »in Ohnmacht« fällt, als es ihren toten Geliebten entdeckt.[34]

Der Priorität des Ereignis-Stils vor einer politischen oder gesellschaftskritischen Bewertung beziehungsweise Identifizierung entspricht, dass Heine betont, es handele sich bei den revolutionären Kämpfern keineswegs mehrheitlich um die »unteren Volksklassen«. Vielmehr betont er, dass es meistens Angehörige des Bürgertums, Studenten aus besseren Familien gewesen seien, die »für die heilige Sache der Menschheit«

ihr Leben opferten.[35] Die Benutzung dieses Begriffs widerspricht nicht dem primären Ereignisinteresse. Das Ereignis wird wenn nicht politisiert, so doch mythisiert. Dem folgt der Stil der Szenenbeschreibung: Die Szene ist nicht in ihrem Ablauf beschrieben, sondern als psychologische oder anthropologische benannt. Der Stil ist also mehr Charakteristik denn Beschreibung. Ein Vergleich mit der Szenenschilderung in Victor Hugos Roman *Les Misérables* bestätigte, inwiefern bei Hugo nicht bloß das Ereignis, sondern die Botschaft des Ereignisses Priorität hat, Botschaft bis hin zum sentimentalen Effekt, nämlich der Beschreibung der Kämpfenden als die Armen und Ausgestoßenen dieser Welt.

Heines primär auf ein Ereignis konzentrierter Blick zeigt sich auch darin, dass es nicht nur revolutionäre Szenen sind, die seine Pariser Berichte der dreißiger und vierziger Jahre so ungewöhnlich lebendig machen. Zum Beispiel die Beschreibung der Eröffnung der neuen Eisenbahnen im Mai 1843. Wenn Heine von der psychischen Erschütterung spricht, die dies auslöste, kommt er auf die gleichen phänomenologischen Metaphern zurück, die seine Revolutionsfaszination prägen: das »unheimliche Grauen« anlässlich eines »Ungeheuren«.[36] Durch die Eisenbahnen wird der »Raum getötet«, und es bleibe »uns nur noch die Zeit übrig«. Dabei entwirft Heine eine Vision, von der er noch nicht weiß, ob sie nur fantastisch oder unheimlich ist, nicht zuletzt für den Emigranten: Es entsteht in ihm die Vorstellung, als kämen die Berge und Wälder aller Länder auf Paris angerückt.[37] Auch hier wieder eine Terminologie des Unheimlichen, die er Achim von Arnim entlehnt haben könnte.

3. Der gebrochene Rekurs auf den Mythos

Die schiere Phänomenalität der Gegenwärtigkeit ist also das leitende Wahrnehmungsinteresse, ob es sich nun um eine revolutionäre oder eine industriell-technologische Szene handelt, manchmal fantastisch, manchmal theatralisch, immer spektakulär. Die begriffliche Qualifikation, die Heine ihr gibt, heißt aber Ereignis oder Augenblick.[38] Um dem Ereignis oder Augenblick wenn nicht Dauer, vor allem keine politische Dauer zu verleihen, um seine Nachdrücklichkeit aber mit Intensität zu versehen, bedient sich Heine immer wieder einer schon erwähnten mythologisierenden Metaphorik. So vergleicht er die republikanischen Kämpfer auch mit den spartanischen Helden an den Thermopylen,[39] so wie es ihm überhaupt wichtig ist, den Kampf auf der Rue Saint-Martin zu den »größten Heldentaten der neueren Geschichte« zu zählen.[40] Gerade weil Heine – seinem Geschichtslehrer Hegel hier jedenfalls folgend – konstatieren muss, dass die »Weltperiode« vorbei sei, wo die »Taten der Einzelnen hervorragen« und nun die Massen die »Helden der neuen Zeit«[41] seien, sucht er als Substitution des individuell Heroischen eine Art erhabene Figur. Und diese liefert ihm die Mythologie. Die von Beginn seiner Schriften an auffällige Affinität zur griechischen Mythologie,[42] nicht zuletzt ihre Signifikanz im Kontext von Heines Sensualismus beiseitelassend, ist die mythologisierende Methode hier als Ergänzung zur Ereignis-Charakteristik zu verstehen: Man nehme die für Heines Charakteristik der Revolution besonders signifikante Beschreibung von Delacroix' Gemälde »Die Freiheit führt das Volk«.

Zunächst die ironisch-blasphemische Charakteristik der

heroischen Figuren und heroischen Gesten: Die Freiheitsgöttin wird zur Straßendirne, der todesmutige Bürger auf den Barrikaden ein entlaufener Sträfling und der furchtlose Pistolenknabe die allegorische Ergänzung zur »Gassen-Venus«, nämlich ein »Schornstein-Cupido«.[43] Die Verwandlung der zunächst nachdrücklich adäquaten Beschreibung der »Heiligkeit des Sujets«, wie Heine es nennt, zur Satire ist das dialektische Verfahren, immer auch die Umkehrung eines Ideals zu denken, bevor man zu seiner wirklichen Identifikation kommt. So wie der aristokratische Betrachter des Gemäldes sagen darf, eine Freiheitsgöttin habe »gewöhnlich kein Hemd an« und sei »daher sehr erbittert auf alle Leute, die weiße Wäsche tragen«,[44] bleibt kein Zweifel, dass dieser aristokratische Besucher als lächerliche, weil von der Geschichte überholte Figur erscheint. Aber sein Urteil über die komplexen Motive der Revolutionäre teilt Heine sehr wohl. Umso triumphierender dann die mythisierende Umdrehung der Bilder: Zuerst ist es der Anruf an die »heiligen Julitage von Paris«, an den »Uradel der Menschen«.[45] Das wird wiederholt, aber die historisch-politische Metaphorik weicht einer anderen, einer mythologischen: nämlich der Metapher der »Sonne« und der »Götter«, die – wie die homerischen – dem »großen Kampfe« zusahen und vor Bewunderung »jauchzten« und »gerne auferstanden wären von ihren goldenen Stühlen«.[46] Das Sonnensymbol wird am Ende besonders emphatisch auf Französisch wiederholt: »C'était le soleil.«[47]

Sogar in einem eher sardonisch-realistischen Tonfall hat Heine an anderer Stelle von der Sonne als Beschleunigung der Revolution gesprochen. Es heißt im ersten Artikel der *Französischen Zustände* bezüglich des erwarteten Aufstands aus dem Munde eines Regierungspolitikers: »Sie werden heute Abend nicht kommen, denn es regnet.«[48] Und Heine fährt erklärend fort: »Zu guten Emeuten gehört wirklich gutes Wetter, behaglicher Sonnenschein, ein angenehmer warmer Tag, und daher gerieten sie im Junius, Juli und August immer am besten. Es darf dann auch nicht regnen, denn die Pariser fürchten nichts mehr als den Regen.«[49] Das bezog sich auf die großen Daten der Französischen Revolution: also den 14. Juli 1789, den 10. August 1792, den 2. Juni 1793 und schließlich auch den 27. Juli 1794. Etwas ganz Erhabenes wird hier ganz profan. Umgekehrt aber – gerade weil Heine um diese Dialektik immer weiß – bedient er sich am Ende der mythologisierenden Epiphanie: hier der »Sonne«. Es macht den ästhetisch-mythologischen Charakter aus, dass dies jenseits einer konkreten politischen Bedeutung geschieht. Und so lautet der Abschluss der Beschreibung von Delacroix' berühmtem, zur Ikone gewordenem Revolutionsgemälde denn auch: »Der Marquis hat vielleicht recht: es war die Sonne. Zumal im Monat Juli hat die Sonne immer am gewaltigsten mit ihren Strahlen die Herzen der Pariser entflammt, wenn die Freiheit bedroht war, und sonnentrunken erhob sich dann das Volk von Paris gegen die morschen Bastillen und Ordonanzen der Knechtschaft. Sonne und Stadt verstehen sich wunderbar, und sie lieben sich. Ehe die Sonne des Abends ins Meer hinabsteigt, verweilt ihr Blick noch lange mit Wohlgefallen auf der schönen Stadt Paris, und mit ihren letzten Strahlen küßt sie die dreifarbigen Fahnen auf den Türmen der schönen Stadt Paris.«[50]

Es ist die gleiche »Sonnen«-Metapher, die Heine schon in seinem *Nordsee*-Zyklus benutzt, in dem er von der Sonne beziehungsweise dem Sonnengott im gleichen mythisierenden, notgedrungen ganz unpolitischen Zusammenhang spricht, im Kontext mit altgriechischen mythologischen Bildern.[51] Das »flammende Sonnenherz« über der Nordsee ist der gleiche Planet wie die Sonne als flammender Glücksstern über Paris. Selbst der ironische Gebrauch belegt diesen Charakter als mythische Metapher – unabhängig vom jeweiligen Gehalt. So wenn Heine den später allmächtigen Bankier Rothschild mit der Sonne vergleicht, von dessen goldenen Strahlen ein jeder profitieren wolle.[52] Von hier aus erkennt man auch, inwiefern die mythische Überhöhung der schon erläuterten Kampfszenen der jungen Republikaner Heines kapitales Argument ist: Nicht weil er sich mit ihren spezifischen Zielen politisch unbedingt identifizieren würde – wir haben gesehen, dass er das nicht tut –, sondern weil sie als Tapfere mythisch darstellbar sind, bekommen sie ihre Dignität, das heißt buchstäblich ihre Erhabenheit: »Aber das Volk ist groß und fühlt seine schauerlich erhabene Bestimmung.«[53] Selbst in der politischen Vorrede zum *Salon I* kann Heine nicht umhin, seine in der Normandie empfundene eigene Trauer im Gedanken an Deutschland zu vergleichen mit Achilles' Trauer, der auch am Meer geweint habe, wenn auch aus ganz anderer Ursache. Aber das Bild des weinenden Achill am Meer genügt, um in den archaischen Mythos sogar noch weiter einzudringen: »Auch ich hörte eine Stimme im Wasser, aber minder trostreich, vielmehr aufweckend, gebietend und grundweise. Denn das Meer weiß alles.«[54]

Heines Stil sucht solche Sätze jenseits der realen Vorkommnisse. Deswegen kann er auch – trotz seiner Skepsis gegenüber radikalsozialistischen Prinzipien – schreiben: »Le pain est le droit du peuple, sagte Saint-Just, und das ist das größte Wort, das in der ganzen Revolution gesprochen worden.«[55] Es geht Heine gar nicht wirklich um die, wie wir heute sagen würden, Einführung eines Grundeinkommens. Es geht ihm um große Bilder: allerdings in Referenz zu Ereignissen, der er im welthistorischen Maßstab wirklich historisch für groß hält. Aber ihre mythische Perspektivierung ist eine ästhetische. Daher kommt es, dass Heine in *Lutetia*, also zu Beginn der vierziger Jahre, den von ihm gefürchteten heraufkommenden Kommunismus, wie schon erwähnt, als den »düsteren Helden« in der »modernen Tragödie« annonciert. Er warte nur auf das Stichwort, um auf die Bühne zu treten.[56] Eine sozialpolitisch radikalisierende Entwicklung im Pariser Parteiendschungel bekommt den Namen der berühmtesten Literaturgattung. Gewiss, auch Karl Marx wird sich der Tragödienmetapher bedienen, wenn er den Staatsstreich Louis Bonapartes beschreibt.[57] Und Georg Büchner hat es fast zeitgleich buchstäblich in seinem Drama *Dantons Tod* getan. In den beiden letzten Fällen handelt es sich aber um eine wirkliche politisch-funktionale Metapher, während Heines Stil absehbar auf der Autonomie mythisch-ästhetischer Bilder beruht, von der seine realistisch politische Wahrnehmung und Diagnose zehren. Er spricht sogar direkt von der Notwendigkeit, die Sprache einer neuen »Apokalypse« zu entwickeln. Diese Sprache hätte Metaphern aufzubringen, die schrecklicher wären als, wie er es nennt, »die älteren johanneischen Tiersymbole«.[58] Das ist symbolistische Poetologie in nuce, die schon zehn Jahre zuvor entwickelt ist.

4. Die supernaturalistische Ästhetik

Die Beobachtung von Heines mythologisierender Stiltendenz im Kontext gesellschaftspolitischer Ereignisse führt zur abschließenden Frage: Wie hat Heine seinen Stil benannt? Was war seine Ästhetik? Darüber gibt es verschiedene Auskünfte. Zunächst die explizite Erklärung am Ende der Beschreibung der Gemäldeausstellung mit Delacroix' Bild: Aufhorchen lässt schon, dass Heine Worte, Farben und Formen »Symbole« nennt, wenngleich auch Symbole einer Idee, die er zunächst sogar noch auf Hegels Weltgeist bezieht. Aber dann weicht er von diesem Repräsentationskonzept ab und spricht von seinen »eigenen Ideen«.[59]

Wie er überhaupt von einer »eigenen Ästhetik« spricht, die mit Regeln nichts im Sinne habe, also auch nichts mit einer philosophischen Wahrheit, sondern nur damit – wie Heine betont –, »was er selbst will«,[60] was »seine Idee« will. Man ist geneigt, in Heines Symbolbegriff schon das Konzept eines symbolistischen Stils zu entdecken. Denn er erklärt ihn wie folgt: »Wer mit den wenigsten und einfachsten Symbolen das Meiste und Bedeutendste ausspricht, der ist der größte Künstler.«[61] Und: Die Symbole sollten, »abgesehen von ihrer inneren Bedeutsamkeit, noch außerdem und an und für sich die Sinne erfreuen, wie Blumen eines Seelands.«[62] Er spricht von »geheimnisvollen Blumen«,[63] die der Künstler nach Maßgabe einer »mystischen« Notwendigkeit auswähle.[64]

Es wird aus Heines Symbolbegriff schon erkennbar, inwiefern der bedeutendste Prosaist der Epoche einer neuen Gegenwart stilistisch nicht auf realistischen Prinzipien fußt. Er nennt das antirealistische Prinzip expressis verbis: »In der Kunst bin ich Supernaturalist.«[65] Seine Erklärung: »Ich glaube, dass der Künstler nicht alle Typen in der Natur auffinden kann, sondern dass ihn die bedeutenden Typen, als eingeborene Symbolik eingeborener Ideen, gleichsam in der Seele, geoffenbart werden.«[66] Dass sich dieser ästhetische Grundsatz gegen zeitgenössische Nachahmungskriterien richtet, ist nicht das eigentlich Originelle daran. Sondern dass Heine zum einen von einem Sprachtypus spricht, der eine individuelle Symbolik darstellt, zum anderen, dass diese Symbolik als selbstreferentielles Produkt der »Seele« des Künstlers entspringe und trotzdem realitätsbezogen bleibt. Das stellt eine Variation zu Hölderlins Erklärung des Gedichts als dionysisches Ereignis dar, bei dem die platonische Seelenbewegung allerdings noch deutlicher markiert ist, aber ebenfalls, wie bei Heine, Nietzsches dionysischen Augenblick vordenkt.[67]

Noch einmal: Es geht dem Autor der *Bäder von Lucca*, des Buches *Le Grand* und der *Französischen Zustände* sehr wohl am Ende der sogenannten Kunstperiode um einen Stil der neuen Gegenwart. Es geht ihm um eine Kunst, die von der »Politik des Tages« weiß, wie es auch die Kunst Phideas' und Michelangelos getan hätte, die von Heine als träumende Spiegelbilder der Zeit bezeichnet werden. Aber: Es geht noch nachdrücklicher um die Kunst selbst, denn die »neue Zeit« werde eine »neue Kunst gebären«, eine »neue Symbolik« und eine »neue Technik«, in der sich »selbsttrunkene Subjektivität« darstelle.[68] Und das bedeutet, diese Kunst kann keine politische Propaganda enthalten. Das war das Defizit, das Heine an Börnes politischer Prosa beanstandet hat: Gesinnungsprosa.

Wie konsequent Heine seinem zur ästhetischen Maxime gewordenen literarischen Instinkt folgte, zeigt sich schließlich in einem aufschlussreichen Selbstwiderspruch seiner Kritik an der Romantik: Es ist neben der erörterten Begründung des Supernaturalismus das zweite entscheidende Dokument von Heines Ästhetik. Während er einerseits, wie wir sahen, über Friedrich Schlegel das Verdikt im Namen der »Gegenwart« aussprach, hat er andererseits die fantastischen Erzählungen Ludwig Tiecks, Clemens Brentanos und Achim von Arnims als ästhetische Meisterwerke gepriesen. Dabei ist nicht sein literaturkritisches Geschmacksurteil selbst so aufschlussreich, sondern die dabei erkennbaren Kriterien, die noch einmal seinen Symbolbegriff erklären. In Tiecks Erzählung *Der blonde Eckbert,* inzwischen als große Literatur erkannt, weiß Heine schon eine »geheimnisvolle«, eine »beängstigende« Seltsamkeit zu entdecken, sozusagen Kierkegaards existentielle Reaktion auf die romantische Prosa vorwegnehmend.[69] Der Terminus »wildfremde Wunderblume« korrespondiert mit der schon zitierten symbolistischen Begrifflichkeit. Die Abhebung auf Tiecks fantastische Erzählungen fällt umso mehr ins Gewicht, als er Tiecks späteres realistisches Novellenwerk verwirft und in ihm den »honetten, nüchternen Spießbürger« erkennt. Die Heraushebung des Fantastischen steht analog zum Politisch-Pamphletistischen. Heine muss der politischen Verwerfung zum Trotz seinem ästhetischen Impuls folgen, wozu sogar die geheime Affinität zu einer Literatur des »Schmerzes« und »grauenhaften Vergnügens« gehört.[70]

Ein noch prägnanterer Beleg für die antirealistische Ästhetik beziehungsweise für die Priorität des ästhetischen Denkens ist der Kommentar zu Brentanos *Geschichte vom braven Kasperl und dem schönen Annerl* und zu Arnims Erzählung *Isabella von Ägypten.* Das ist umso bemerkenswerter, als das Fantastische beider Dichter keine geschichts- oder naturphilosophische Symbolik mehr enthält (wie das der Fall ist bei Novalis und E.T.A. Hoffmann), sondern sozusagen – wie man im Wissenschaftsjargon sagen würde – selbstreferentiell ist. Nicht von ungefähr hat der Theoretiker des französischen Surrealismus, André Breton, in den fantastischen Motiven Arnims die Vorläuferschaft erkannt, eine Art »objet trouvé«. Heine entpathetisiert das Seltsame und Unheimliche, aber um es neu zu begründen. Indem er Brentanos Geschichte auf ein besonders unheimliches und archaisches Motiv verkürzt – zum Beispiel das Motiv des sich im Schrank bewegenden Schwertes –, hat er das spätromantische Phantasma von 1817 für die Aktualität von 1835 zubereitet. Ebenso seine Reaktion auf Achim von Arnim als einen »großen Dichter«. Warum? Weil dieser das Fantastische zu einer nie erreichten Subtilität gebracht habe: Diese Figuren »springen, ringen, stellen sich auf den Kopf, nähern sich uns heimlich und flüstern uns leise ins Ohr: Wir sind tot. Solches Schauspiel würde allzu grauenhaft und peinigend sein, wäre nicht die Arnim'sche Grazie …«[71] Es wäre aber nicht Heines Ironie-Impuls, würde er nicht abschließend an die Adresse seiner französischen Leser feststellen: »Ein lebendiger Deutscher ist schon ein hinlänglich ernsthaftes Geschöpf, und nun erst ein toter Deutscher! Ein Franzose hat gar keine Idee davon, wie ernsthaft wir erst im Tode sind.«[72]

So wie Brentanos Poesie dem Leser »unheimliches Entzücken und lüsterne Angst« einflöße[73] oder dessen Sprache einem »Harlekin« gleiche, der die »verrücktesten Wortspiele« produziere,[74] so bekommt in Heines Blick die Fantasie Achim von Arnims eine »weltumfassende Weite«,[75] sein Gemüt eine »schauerliche Tiefe«, und seine »Darstellungsgabe« sei unübertreffbar. Diese Charakteristiken lesen sich wie die poetologischen Elemente eines zukünftigen Katechismus der fantastischen Moderne. Die Pointe dabei ist, dass Heine genau zwischen psychologischem und ästhetischem Effekt – etwa dem Effekt der Angst als ästhetischer Angst oder als realer Angst – unterscheidet. So werden E. T. A. Hoffmanns und Novalis' schrecklichen beziehungsweise mystisch-religiösen Motive nicht in die Ästhetik des Fantastischen aufgenommen. Und diese hindert Heine wiederum nicht daran, das politische Defizit des Autors des Fantastischen, etwa des älteren Brentano, zu markieren, so wie dieses Defizit umgekehrt die literarische Erscheinung nicht beeinträchtigt.

Der Widerspruch – aber es ist ja, wie man inzwischen erkennt, gar kein Widerspruch –, also der Gegensatz zwischen politischer Aburteilung der Romantiker und emphatischer Entdeckung ihrer zukunftsweisenden ästhetischen Qualitäten, kommt zu einem Höhepunkt, wenn Heine über die ältere deutsche Literatur, das *Nibelungenlied* und die Volkslieder in *Des Knaben Wunderhorn*, spricht, die ja von den Romantikern wiederentdeckt worden waren. Die Tatsache, dass es sich hier gerade um Dokumente der Vergangenheit handelt, scheint vergessen. Aber warum? Ist es eine Art von Geschmackstick, eine zufällige Präferenz, die Heine seine zentrale Argumentation, das Gegenwartskriterium, übergehen lässt? Die Antwort auf diese Frage lautet: Es ist abermals Heines symbolistische Poetologie, die in den mittelalterlichen Texten Stilelemente dieser Ästhetik entdecken lässt. Die Charakteristik des *Nibelungenlieds*, im Kontext der *Des Knaben Wunderhorn*-Erörterung, bringt dies auf den Punkt: »Es ist eine Sprache von Stein, und die Verse sind gleichsam gereimte Quader. Hier und da, aus den Spalten, quellen rote Blumen hervor, wie Blutstropfen, oder zieht sich der lange Efeu herunter, wie grüne Tränen.«[76]

Das Motiv der singulären Blume, dem Blumensymbol, das immer wieder in Heines Prosa auftaucht und dem er sogar im Falle des ansonsten ironisierten Novalis den Respekt nicht versagt,[77] ist vielleicht die zentrale Metapher von Heines schon erläutertem Supernaturalismus. Dieser prägte stilistisch, wie wir sahen, die Diagnostik der *Französischen Zustände* und von *Lutetia*. Der andere Aspekt aber von Heines Stil, die ambivalente Ironie, steht diese – jedenfalls als argumentativ-rhetorische – nicht im Widerspruch zum Pathos der symbolischen Metapher? Das könnte so sein. Im Falle Heines jedoch ergänzen sich beide Stilelemente. Und zwar deshalb, weil die supernaturalistische Ausdruckstendenz – siehe vor allem die mythologische – auch ironische Pointen setzt, weil die Wirklichkeit immer fraglich perspektiviert wird. Witz und Ernst gehen dann ein Bündnis ein. Hat das nun Heines politisches Urteil getrübt? Wurde der Blick auf Realitäten durch eine ästhetizistische Manier abgelenkt? Zunächst: Weder das Ironische noch das Symbolische macht Heines Stil ästhetizistisch. Denn ästhetizistisch ist nur eine intellektuell unbegründete formale Affektion des Stils. Die Antwort hängt letztlich von einer absehbaren Voraussetzung ab: Wer dafür hält, dass Gegenwartsprosa auch von einem politischen Dafürhalten – das wäre noch nicht Propaganda – geleitet sein müsste, der wird Heines Ästhetik möglicherweise für fragwürdig halten. Das hat ja die Mehrheit der deutschen Literaturhistorie bis Mitte des 20. Jahrhunderts getan, ganz zu schweigen vom bildungsbürgerlichen Lesepublikum. Aber für Heines politische Prosa wird eine Unterscheidung zwingend: zwischen Engagement und Gesinnung. Heines unzweifelbares Engagement ist nicht zur Gesinnungsgeste verdorben. Inzwischen hat die Gesinnungsmentalität Federn gelassen. Sie macht sich immer wieder, nicht zuletzt in akademisch-literarischen Kreisen, bemerkbar. Auch pro Heine, pro Gesinnung. Aber Heines politische Prosa wird inzwischen als negative angemessener verstanden: nicht mehr als eindeutige, sondern als zweideutige. Und was könnte politischer sein, wenn man einen aufgeklärten Begriff von Politik hat?

Was für ein Engagement ist dies aber?

1) Natürlich ist es ein Engagement mit dem Leser als »Zeitgenossen«, okay, das versteht sich!

2) Es ist auch ein Engagement im Begriff der Revolution. Aber ohne dass diese eindeutig politisch identifiziert würde. Das versteht sich nicht so ohne weiteres.
3) Vor allem anderen aber ist es ein Engagement – und nun wird es skandalös – als Selbstillumination. Nämlich durch ein neues Erhabenes: objektiv als Überbietung der banalen Gegenwart durch die Vergegenwärtigung einer anderen Gegenwart. Subjektiv in der adäquaten Gegenwartsrede. Der Gegenwartsbegriff, den Heine den angeblich reaktionären Romantikern vorhält, ist also nicht orientiert am Kriterium der bloßen Realität, sondern enthält Vergangenheits- und Zukunftsmomente.

Dies sollte man noch etwas provokativer fassen: In Baudelaires berühmter Definition der modernen Kunst ist ein Dualismus von Gegenwart auffällig. Dieser Dualismus wird von den akademischen Anwälten der progressiven Moderne, etwa Robert Jauss, falsch zitiert: Die moderne Kunst, so Baudelaire, ist zwar die Mode, das Vergänglich-Triviale, das Flüchtige und Zufällige. Aber das ist nur die Hälfte der modernen Kunst. Die andere Hälfte – und die wird von den genannten Interpreten übersehen – ist das »Ewige« und »Unwandelbare«. So Baudelaire in *Le peintre de la vie moderne*.

Wenn Heine die zuweilen sogar komisch dargestellte Prosa der Revolution schließlich transformierte in antike Mythologie oder dionysische Bilder, dann nahm er diese Formel der doppelten Modernität praktisch vorweg: Denn das erwähnenswert Prosaische würde ohne das Ewige ihm literarisch irrelevant erschienen sein.

Nachweise

Kein Wille zur Macht:
Vortrag an der Universität Stanford im Oktober 2006
Merkur 61 (700), Aug. 2007

Erzählter und politischer Hass:
Erweiterter Vortrag »Immaginativer und diskursiver Haß – Zolas, Maupassants und Flauberts Texte zum Französisch-Preußischen Krieg 1870/71« an der Bayerischen Akademie der Schönen Künste, München, 26. Sept. 2017

Poetische Erinnerung und Krieg:
Vortrag »Poetische Erinnerung und der Krieg«. In: Wolfram Nitsch/Jürgen Ritte (Hrsg.): *Marcel Proust und der Erste Weltkrieg*. Beiträge des Symposions an der Universität Köln 2015. Sechzehnte Publikation der Marcel Proust Gesellschaft. Berlin: Insel 2017

Das verschwundene Paradigma:
Merkur 55 (631), Nov. 2001

Der Mut zur Wahrheit: Hamlet:
Merkur 65 (748), Sept. 2011

Stil treibt Gesinnung aus:
Vortrag zu »Heinrich Heines politischer Prosa« an der Universität Bonn, 12. Juli 2013

Anmerkungen

Erzählter und politischer Hass

1 Zu dieser Unterscheidung vgl. K. H. Bohrer, *Historische und Poetische Trauer*. In: Burkhard Liebsch / Jörn Rüsen (Hrsg.), *Trauer und Geschichte*. Köln / Weimar / Wien 2001, S. 111–127.

2 Jean-Paul Sartre, *Tagebücher – November 1939 bis März 1940*. Aus dem Französischen von Eva Moldenhauer. Reinbek 1983, S. 427.

3 A. a. O., S. 443.

4 Ebd.

5 A. a. O., S. 442.

6 A. a. O., S. 444.

7 Émile Zola, *Der Zusammenbruch*. Übertragen von Franz Franzius. Leipzig: Insel Verlag o. J., S. 18.

8 A. a. O., S. 181.

9 A. a. O., S. 182.

10 A. a. O., S. 184.

11 A. a. O., S. 274.

12 A. a. O., S. 276.

13 A. a. O., S. 563.

14 A. a. O., S. 564.

15 A. a. O., S. 501.

16 Ebd.

17 Hippolyte Taine, *Les origines de la France contemporaire;* dt. *Die Entstehung des modernen Frankreich*. Übersetzung von Leopold Katscher. Berlin 1954.

18 Alphonse Daudet, *Numa Roumestan. Pariser Sittenbild*. Übersetzt von Fritz Meyer. Leipzig o. J., S. 238.

19 H. U. Gumbrecht, *Zola im historischen Kontext. Für eine neue Lektüre der »Rougon-Macquart«*. München 1978, S. 55.

20 Vgl. Jörg Dünne, *Nacht über Paris. Krieg und Katastrophenlandschaft bei Proust und Céline.* In: Wolfram Nitsch / Jürgen Ritte (Hrsg.), *Marcel Proust und der Erste Weltkrieg.* Marcel Proust Gesellschaft, Köln 2017, S. 30–50.

21 Guy de Maupassant, *Fettklößchen.* In: Ders., *Gesamtausgabe der Novellen und Romane in zehn Bänden.* Hrsg. v. Ernst Sander. Bd. 1. München 1963, S. 80.

22 A.a.O., S. 78.

23 A.a.O., S. 80.

24 Ebd.

25 A.a.O., S. 81.

26 A.a.O., S. 80.

27 A.a.O., S. 92.

28 Ebd.

29 A.a.O., S. 94.

30 Maupassant, *Mademoiselle Fifi.* In: *Gesamtausgabe,* a.a.O., Bd. 2, S. 8.

31 A.a.O., S. 19.

32 Ebd.

33 Gustave Flaubert, *Briefe.* Hrsg. u. übersetzt von Helmut Scheffel. Zürich 1977, S. 584.

34 A.a.O., S. 588.

35 A.a.O., S. 597.

36 A.a.O., S. 532.

37 A.a.O., S. 574.

38 A.a.O., S. 578.

39 A.a.O., S. 267.

40 A.a.O., S. 336.

41 Hier und im Folgenden zitiert nach Edmond und Jules Goncourt, *Journal. Erinnerungen aus dem Literarischen Leben. 1869–1872.* Bd. 5. Leipzig 2013.

42 So in der Notiz vom 6. September 1870.

43 Brief vom 19. Januar 1871 an Ernest Feydeau.

44 Brief vom 13. November 1873 an Iwan Turgenew.

45 Brief vom 2. Dezember 1876 an George Sand.

46 Brief vom September 1870 an George Sand.

47 Madame de Staël, *Über Deutschland.* Vollständige Ausgabe. Nach der deutschen Erstübertragung von 1814. Hrsg. v. Monika Bosse.

Mit einem Personenregister und einer Bilddokumentation. Insel Taschenbuch. Frankfurt a. M. 1985, S. 663.

48 A. a. O., S. 37.

49 De Staël im Brief von 1804 an Necker.

50 Heinrich Heine, *Zur Geschichte der Religion und Philosophie in Deutschland*. In: Ders., *Sämtliche Schriften in zwölf Bänden*. Hrsg. v. Klaus Briegleb. München 1976, Bd. 4, S. 640.

51 Madame de Staël, *Über Deutschland*, a. a. O., S. 16.

Poetische Erinnerung und der Krieg

1 Franz Kafka, *Tagebücher. Bd. 2 (1912–1914)*. In der Fassung der Handschrift. Hrsg. v. Hans-Gerd Koch, Michael Müller u. Malcolm Parsley. Frankfurt a. M. 1994, S. 167.

2 Apollinaire, *Echos sur les lettres et les arts*. In: Ders., *Oeuvres en prose complètes II*. Textes établis, présentés et annotés par Pierre Caizerques et Michel Décaudin. Paris 1991, S. 1345; 1391; 1426; 1444; 1462; 1481; 1491.

3 Barbara Vinken, *Zeichenspur, Wortlaut: Paris als Gedächtnisraum, Hugos »A l'Arc de Triomphe«, Baudelaires »Le Cygne«*. In: Anselm Haverkamp/Renate Lachmann (Hrsg.), *Gedächtniskunst. Raum – Bild – Schrift*. Frankfurt a. M. 1991, S. 221–262.

4 Rainer Warning, *Proust-Studien*. München 2000, S. 215 ff.

5 William Shakespeare, *King Henry VI. Part 3*. Edited by John D. Cox and Eric Rasmussen (The Arden Shakespeare). London/New York 2013, S. 226.

6 Heinrich von Kleist, *Prinz Friedrich von Homburg*. In: Ders., *Sämtliche Werke und Briefe*. Bd. I. Hrsg. v. Roland Reuß u. Peter Staengl. München 2010, S. 836.

7 L. Tolstoi, *Krieg und Frieden*. Neuübersetzt v. Barbara Conrad. Bd. 2. München: dtv 2011, S. 927.

8 Zit. n. Rainer Warning, *Mimesis als Mimikry: Die »Realisten« vor dem Spiegel*. In: Ders., *Die Phantasien der Realisten*. München 1999, S. 13. Zu Blumenberg vgl. *Wirklichkeitsbegriff und Möglichkeit im Roman*. In: H. R. Jauß (Hrsg.), *Nachahmung und Illusion*. München 1964, S. 10–27.

9 William Faulkner, *Die Unbesiegten*. Deutsch v. Erich Franzen.

Frankfurt a. M./Hamburg 1957, S. 211/William Faulkner, *The Unvanquished. The Corrected Text*. New York: Vintage 1990, S. 254.

10 Wolfram Nitsch, *Sprache und Gewalt bei Claude Simon*. Tübingen 1992.

11 Claude Simon, *Die Akazie*. Roman. Aus dem Französischen v. Eva Moldenhauer. Frankfurt a. M. 1998, S. 201.

12 Jean-Jacques Rousseau. *Schriften*. Hrsg. v. Henning Ritter. Bd. 2. München 1978. S. 697 ff./Jean-Jacques Rousseau, *Oeuvres complètes*. Edition publiée sous la direction de Bernard Gagnebin et Marcel Raymond. Paris 1959, S. 1046 ff.

13 K. H. Bohrer, *Ästhetische Negativität*. München 2002, S. 48 f.; 245 f. Ebenso ders., *Der Abschied. Theorie der Trauer*. Frankfurt a. M. 2013 (Suhrkamp Taschenbuch), S. 127 f.; 139 f.

14 Marcel Proust, *Auf der Suche nach der verlorenen* Zeit. Deutsch v. Eva Rechel-Mertens, Bd. 10. Frankfurt a. M. 1979 (4. Aufl.), S. 381 f./Marcel Proust, *A la recherche du temps perdu*. Edition établie et présentée par Pierre Clarac et André Ferré. Paris 1954, Bd. 3, S. 758.

15 Paul Valéry, *Briefe*. Übertragen v. Wolfgang A. Peters. Wiesbaden 1954, S. 202 f.

16 Ebd.

17 Marcel Proust, *Auf der Suche nach der verlorenen Zeit*, a. a. O., S. 4000.

18 A. a. O., S. 3999.

19 A. a. O., S. 3998 f.

20 A. a. O., S. 1780 ff.

21 A. a. O., S. 3781.

Das verschwundene Paradigma

1 Zur Ideenwelt Schulenburgs einerseits und der Kreisauer andererseits vgl. Hans Mommsen, *Alternative zu Hitler. Studien zur Geschichte des deutschen Widerstandes*. München: Beck 2000; Außerdem: Franz Graf von Schwerin, *Helmuth James Graf von Moltke. Im Widerstand die Zukunft denken. Zielvorstellungen für ein neues Deutschland*. Paderborn: Schöningh 1999.

2 Marion Gräfin Dönhoff, *Um der Ehre willen. Erinnerungen an die Freunde vom 20. Juli.* Berlin: Siedler 1994.
3 Ulrich Heinemann, *Ein konservativer Rebell. Fritz-Dietlof Graf von der Schulenburg und der 20. Juli.* Berlin: Siedler 1990. Hier ist auch der zitierte Vortrag von 1938 abgedruckt.

Der Mut zur Wahrheit: Hamlet

1 Harold Bloom, *Hamlet. Poem Unlimited.* New York: Riverhead 2003; vgl. auch Hugh Grady, *Shakespeare, Machiavelli, and Montaigne.* Oxford: Oxford University Press 2002.
2 Vgl. Karl Heinz Bohrer, *Der verlorene Augenblick. Melancholie-Diskurs zwischen Leopardi und Baudelaire.* In; Texte, Nr. 2, 2007.

Stil treibt Gesinnung aus: Heinrich Heines politische Prosa

1 Albrecht Betz, *Ästhetik und Politik. Heinrich Heines Prosa.* München 1971; zu Ludolf Wienbargs und Heinrich Laubes Reaktion auf Heines Prosa vgl. Betz, a. a. O., S. 44 ff.
2 Heinrich Heine, *Sämtliche Werke in 12 Bänden.* Hrsg. v. Klaus Briegleb. München 1969 ff., Bd. 7, S. 12; 17.
3 A. a. O., S. 73.
4 A. a. O., Bd. 8: Kommentar, S. 741 ff.
5 A. a. O., S. 691.
6 A. a. O., S. 741.
7 A. a. O., Bd. 7, S. 773.
8 A. a. O., S. 75.
9 Vgl. Wolfgang Preisendanz, *Der Ironiker Heine. Ambivalenzerfahrung und kommunikative Ambiguität.* In: Gerhard Höhn (Hrsg.), *Heinrich Heine. Ästhetisch-politische Profile.* Frankfurt a. M. 1991, S. 104.
10 Vgl. Gerhard Höhn, *Heine. Zeit, Person, Werk.* Stuttgart 1987, S. 202 ff.; ebenso Betz, A. a. O., S. 132.
11 Heinrich Heine, *Die romantische Schule.* In: Ders,. *Sämtliche Werke.* A. a. O., Bd. 5, S. 407 f.

12 A. a. O., S. 413.
13 G. W. F. Hegel, *Sämtliche Werke*. Hrsg. v. Eva Moldenhauer und Karl Markus Michel. Frankfurt a. M. 1986, Bd. 12, S. 35.
14 Hegel, *Werke*. A. a. O., Bd. 3, S. 18.
15 A. a. O., S. 19.
16 A. a. O., Bd. 14, S. 196.
17 Ebd.
18 Heinrich Heine, *Die romantische Schule*. In: Ders., *Sämtliche Werke*. A. a. O., Bd. 5, S. 408.
19 Heinrich Heine, *Verschiedene Geschichtsauffassungen*. In: Ders., *Sämtliche Werke*. A. a. O., Bd. 5, S. 22.
20 A. a. O., S. 23. Vgl. Rolf Hosfeld, *Welttheater als Tragikomödie*. A. a. O., S. 137.
21 Heinrich Heine, *Lutetia*. In: Ders., *Sämtliche Werke*. A. a. O., Bd. 9, S. 212.
22 Heinrich Heine, *Französische Zustände*. In: Ders., *Sämtliche Werke*. A. a. O., Bd. 5, S. 217.
23 Heinrich Heine, *Lutetia*. Bd. 9, S. 390.
24 A. a. O., S. 395.
25 Ebd.
26 Vgl. hierzu auch Rolf Hosfeld, *Welttheater als Tragikomödie*. A. a. O., S. 136 ff.
27 Heine, *Lutetia*. A. a. O., Bd. 7, S. 319.
28 Heine, *Französische Zustände*. A. a. O., Bd. 5, S. 166.
29 Heine, *Lutetia*. A. a. O., Bd. 9, S. 232.
30 Heinrich Heine, *Französische Zustände*. A. a. O., Bd. 5, S. 207.
31 A. a. O., S. 216.
32 A. a. O., S. 218.
33 A. a. O., S. 221.
34 Ebd.
35 A. a. O., S. 220.
36 Heine, *Lutetia*. A. a. O., Bd. 9, S. 448.
37 A. a. O., S. 449.
38 A. a. O., Bd. 5, S. 217.
39 A. a. O., S. 218.
40 Ebd.
41 A. a. O., S. 219
42 Vgl. hierzu Robert C. Holub, *Heine als Mythologe*. A. a. O., S. 316 f.

43 Heine, *Gemäldeausstellung 1831*. In: Ders., *Sämtliche Werke*. A. a. O., Bd. 5, S. 39f.
44 Ebd.
45 A. a. O., S. 40.
46 Ebd.
47 A. a. O., S. 42.
48 Heinrich Heine, *Französische Zustände*. A. a. O., Bd. 5, S. 106.
49 Ebd.
50 Heine, *Gemäldeausstellung* 1831. A. a. O., Bd. 5, S. 42.
51 A. a. O., Bd. 3, S. 171; 192.
52 A. a. O., Bd. 9, S. 452.
53 A. a. O., Bd. 5, S. 134.
54 A. a. O., Bd. 5, S. 17.
55 A. a. O., Bd. 5, S. 23.
56 A. a. O., Bd. 9, S. 405.
57 Karl Marx, *Der achtzehnte Brumaire des Louis Bonaparte*. In: Marx / Engels, *Ausgewählte Schriften in zwei Bänden*. Berlin 1951, Bd. 1, S. 226.
58 Heinrich Heine, *Lutetia*. A. a. O., Bd. 9, S. 407.
59 A. a. O., Bd. 5, S. 45.
60 A. a. O., S. 45.
61 Ebd.
62 Ebd.
63 Ebd.
64 Ebd.
65 A. a. O., Bd. 5, S. 46.
66 Ebd.
67 Vgl. hierzu auch Hosfeld, *Welttheater als Tragödie*. A. a. O., S. 139.
68 Heine, *Französische Maler*. In: Ders., *Sämtliche Werke*. A. a. O., Bd. 5, S. 72.
69 Heine, *Die romantische Schule*. A. a. O., Bd. 5, S. 456.
70 Vgl. K. H. Bohrer, *Das Romantisch-Phantastische als dezentriertes Bewusstsein*. In: Ders., *Die Grenzen des Ästhetischen*. München 1998, S. 9–36.
71 Heine, *Die romantische Schule*. A. a. O., Bd. 5, S. 458.
72 Ebd.
73 A. a. O., S. 447.

74 Ebd.

75 A. a. O., S. 457.

76 A. a. O., S. 455.

77 A. a. O., S. 442f.